学生健康生活指导

XUESHENG JIANKANG SHENGHUO ZHIDAO

马乐　杨海峰　主编

陕西新华出版传媒集团
陕西科学技术出版社
Shaanxi Science and Technology Press
西　安

图书在版编目（CIP）数据

学生健康生活指导 / 马乐，杨海峰主编 . — 西安：陕西科学技术出版社，2020.8
ISBN 978-7-5369-7842-3

Ⅰ . ①学… Ⅱ . ①马… ②杨… Ⅲ . ①青少年－健康教育－中国 Ⅳ . ① G479

中国版本图书馆 CIP 数据核字 (2020) 第 134443 号

学生健康生活指导
马乐　杨海峰　主编

总 策 划　张　炜
策　　划　崔　斌　宋宇虎
责任编辑　付　琨　高　曼　赵宏超
责任校对　赵爱玲
封面设计　曾　珂
出 品 人　崔　斌

出 版 者　陕西新华出版传媒集团　陕西科学技术出版社
西安市曲江新区登高路 1388 号陕西新华出版传媒产业大厦 B 座
电话（029）81205187　传真（029）81205155　邮编 710061
http://www.snstp.com
发 行 者　陕西新华出版传媒集团　陕西科学技术出版社
电话（029）81205180　81206809
印　　刷　西安牵井印务有限公司
规　　格　787mm × 1092mm　16 开本
印　　张　7.5
字　　数　100 千字
版　　次　2020 年 8 月第 1 版
2020 年 8 月第 1 次印刷
书　　号　ISBN 978-7-5369-7842-3
定　　价　35.00 元

《学生健康生活指导》
编 委 会

主编单位 陕西省卫生健康委员会

陕西新华出版传媒集团

主　　编 马　乐　杨海峰

编写人员 马　乐　杨海峰　杨明轩　蔺　婧　于　莲

范亚慧　李昭芳　刘　曦　李晓慧　晏　妮

张鲍明　李光明　王嘉琪　师　昕　刘偲佼

石丽娟　顾　英　吴文静　张琦一　胡瀚月

绘　　图 南　迪

前　言

2020年新年伊始，突如其来的新型冠状病毒感染的肺炎疫情蔓延全国，防控感染、抗击疫情成为全国上下心之所向。广大医疗卫生工作者挺身而出，奋战在抗疫一线，救死扶伤，为人民生命安全和身体健康而战，其他各行各业也都在用自己的方式抗击疫情，生动地描绘出了一幅“众志成城渡难关，风雨同舟抗疫情”的感人画卷。

来势汹汹的“新冠肺炎”疫情告诉我们，对于健康的威胁从未走远，如果不掌握足够的健康知识，将会付出生命的代价。中小学生是接受健康教育的最佳目标人群，尽早学习健康知识、培养健康意识、掌握健康技能，对于他们的终身健康非常重要。基于此，在陕西省卫生健康委员会的指导下，陕西新华出版传媒集团、陕西科学技术出版社决定联合策划出版《学生健康生活指导》。

本书特别针对中小学生常见的健康生活方式问题，对相关知识进行了详细介绍，内容包括常见传染病预防、安全用药、个人卫生习惯、学习卫生、青春期卫生、远离烟酒等，从生理和心理双层面给予关注并提出建议，从而为学生的健康进行细致、深入、全面的帮助和指引。

本书编者怀着对同学们健康生活的责任感和热情，集体讨论、科学设计、精心写作、反复查验、严格把关，确保体系完整、结构科学、知识全面、表述严谨，同时根据学生的兴趣点和阅读水平，结合他们的生活场景，将其应该掌握的基本健康内容以通俗易懂的语言表达出来。该书内容翔实、简单实用、图文并茂，是学生健康生活的好伙伴。

本书由于编写时间有限，难免存有疏漏，敬请各位专家和读者批评指正。

编　者

2020 年 2 月

目　录

第 1 节

科学防治 战胜新冠肺炎

1. 认识冠状病毒

我们先了解一下什么是病毒。病毒是自然界里最小的一类微生物，它不是一个完整的生命体，没有细胞器，结构很简单，主要是核酸和蛋白质，本身不能进行新陈代谢，没有独立的生存能力，就像一个寄生虫，必须存活在其他活着的细胞内，借助于细胞的繁殖来使自己得以繁殖。而冠状病毒最先是科学家 1937 年从鸡身上分离出来，因形状类似有棘突的皇冠，所以叫冠状病毒。很多野生动物都能够携带这种病毒，果子狸、蝙蝠、竹鼠等都是冠状病毒的常见宿主。

冠状病毒在自然界广泛存在，当侵犯细胞时，棘突就像一个个“钥匙”来识别细胞上的“锁”，我们把这种“锁”叫作受体。一旦受体被识别，细胞被打开，病毒大部队就可以进入细胞内随心所欲，复制大量的病毒遗传物质。因为病毒的结构很简单，所以只要在遗传物质的指导下合成核酸和蛋白质便可组装成子代病毒，繁殖速度比细菌快得多，一个病毒进入细胞内可繁殖上百万个病毒。

冠状病毒是一个大型病毒家族，在人类历史上可谓劣迹斑斑，罪行累累，可感染各个年龄组人群。感染人的冠状病毒有 6 种，其中 2 种是 2003 年肆虐我国的 SARS 冠状病毒和前几年影响沙特阿拉伯、韩国等地的 MERS 冠状病毒。另外 4 种在人群中虽较为常见，但致病性较低，一般仅引起类似普通感冒的轻微呼吸道症状和肠道症状，多为自限性，即无须特别治疗，通过自身的免疫系统就能自愈。

2. 什么是“新型冠状病毒肺炎”

2019 年 12 月中旬，我国武汉市的医疗机构发现多例不明原因肺炎病人。研究人员从病人下呼吸道分离到一种冠状病毒，这也是人类发现的第 7 种人冠状病毒，这种病毒以前从未在人体中发现，所以被称为新型冠状病毒，感染的肺炎统一称为“新型冠状病毒肺炎”，简称“新冠肺炎”。

新型冠状病毒对紫外线和热敏感，56℃以上 30min、乙醚、75% 酒精、含氯消毒剂、过氧乙酸和氯仿等脂溶剂均可有效灭活病毒，氯己定不能有效灭活病毒。

根据流行病学证据，可以确定新型冠状病毒可以持续在人与人之间传播。目前已经确定的传播途径主要是呼吸道飞沫传播（打喷嚏、咳嗽、说话等）和接触传播（用接触过病毒的手触摸口鼻、揉眼睛等）。

人感染新型冠状病毒后会出现不同程度的症状，主要表现为发热，可合并咳嗽、气促和呼吸困难、全身乏力、腹泻等症状。早期症状比较轻，有的只是发烧或轻微咳嗽，1 周左右病情逐渐加重，有的发展到肺炎甚至重症肺炎，而一些重症病人会出现急性呼吸窘迫综合征（即数小时内发生呼吸增快、呼吸困难，甚至呼吸衰竭的严重症状）、多脏器损害，甚至死亡。部分患者发病时症状较轻，可无发热。多数患者治疗后可以痊愈，少数患者病情危重，甚至死亡。

新冠病毒以前从未在人体中发现，所以人群普遍对其缺乏免疫力，尤其是免疫功能较差的老人、有基础疾病（比如糖尿病、高血压、肿瘤、艾滋病等）

的人和肝肾功能障碍的人，这些人感染后往往病情严重且恶化快。青壮年如果接触到大量病毒，也可能出现严重的炎症反应，儿童和婴幼儿也有发病。是否感染取决于与新型冠状病毒的接触机会，同样的接触机会，抵抗力差的人群感染的概率更大。

3. 新冠肺炎的科学防治方法

新型冠状病毒主要通过呼吸道及分泌物排出体外，经唾液、喷嚏、咳嗽等飞沫传播或接触传播（触摸了沾有病人分泌物的物品后传播）。中国国家卫生健康委员会对新型冠状病毒采取甲类传染病的预防和控制措施，从 2020 年 1 月起我国多省（自治区、直辖市）启动重大突发公共卫生事件一级响应，这是

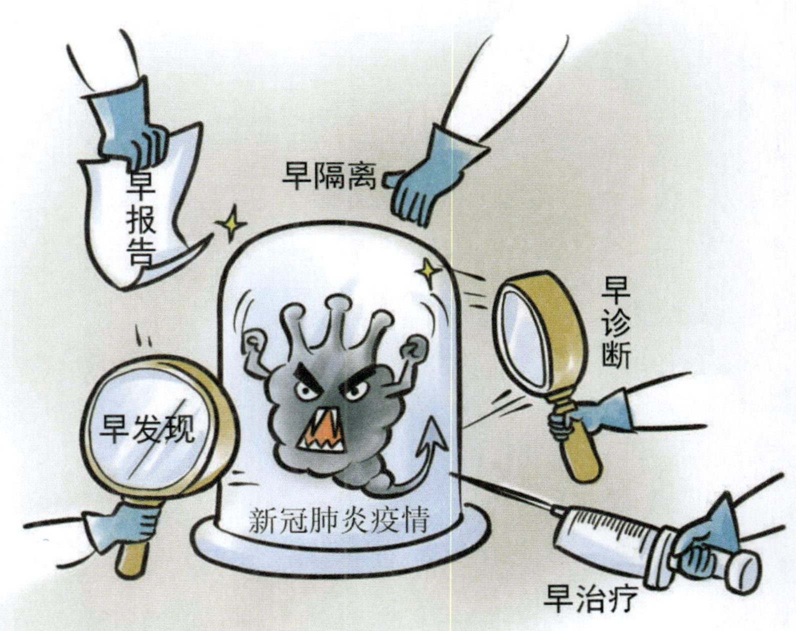

应对严峻疫情时国家采取的全国范围统一的防控措施，各个省在国务院领导下组织防控工作，包括交通管制，限制集市、集会等人群聚集活动等措施。

在新型冠状病毒流行期间做好个人防护很重要，我们应做到：

（1）避免前往人群密集的公共场所；不聚餐，家庭用餐时，实行分餐制，使用公筷；避免接触呼吸道感染的发热病人，如需接触时，要配戴医用外科口罩或 N95 型口罩。

（2）勤洗手，使用肥皂或洗手液，并用流动的清水冲洗，尤其是与确诊或疑似病人及其周围环境接触后；尽量不接触公共场所的门把手、扶手、电梯按钮，外出回家后第一件事是先洗手。

（3）保持良好的卫生习惯，不随地吐痰、咳嗽，打喷嚏时用纸巾捂住口鼻或用肘部遮掩口鼻，不面对人咳嗽、打喷嚏。

（4）避免进食生的或不熟的动物制品，避免密切接触活的或死的农场或野生动物，不食用野生动物。

（5）保持室内空气流通，每天开窗通风换气 2~3 次，每次不少于 30min。

（6）加强锻炼，每天 30min 中强度的运动可以提高免疫力，规律作息，不要长时间看电子产品，避免产生疲劳，保证充足的休息和良好的营养。

（7）如有发烧、咳嗽等呼吸道感染的症状，应居家休息，减少外出和旅行。

（8）避免带病上班、上课及聚会。

（9）从疫地外出旅行归来，应先自行隔离 14 天；如出现发热咳嗽等呼吸道感染症状，应根据病情就近选择发热门诊就医，并戴上口罩就诊，同时告知医生类似病人接触史、动物接触史、旅行史等。

（10）与被隔离人员接触时保持 1m 以上的距离。

（11）无病人家庭也需要做好一般性清洁，注意家庭成员个人卫生和环境卫生，如果家庭里有与病人密切接触者或者疑似病例，可进行预防性消毒处理并上报卫生监测管理部门。

（12）应对疫情期间，保持情绪稳定，避免长时间阅读负面信息，学会接纳自己的情绪波动，如果长时间处于消极情绪中，要有意识地转换想法、调整行为。

（13）保持课内外学习，利用网络资源有计划地学习，按照学校的要求，认真参加网络课程学习，完成作业。

（14）提高信息判断力，不信谣、不传谣，对信息的真假能做出简单判断，可以通过官方媒体了解准确的疫情信息。

（15）维持人际支持，通过互联网与家人、朋友、同学等保持积极联系，表达关心。情绪波动时可与亲友交流，还可以为压力较大的亲友提供情感支持。

第 2 节

不要让非典卷土重来

1. 什么是非典型肺炎

谈到非典很多同学可能会有所陌生。什么是非典呢？主要是指在 2003 年出现的一种由病毒感染引起的传染性疾病。在未查明病因前，由于与传统的细菌感染引起的大片的肺部感染不同，因此称为非典型肺炎。这种疾病有着高致病性、高传染性、高致死率等特点，引起了全国乃至全世界范围内的高度关注。

2002 年 11 月份，在我国广东省的佛山、中山等地，陆续有人患上一种相似的疾病，临床表现都是发病很急，持续多日高烧，使用抗生素治疗效果不好，在治疗中病情逐渐加重，个别病人痰中带有血丝，病情后期出现呼吸急促，剧烈憋闷，喘不上气来，有的人不得不靠呼吸机辅助呼吸，甚至有的人会最终死亡。与这些人接触过的亲戚、朋友、医护人员也相继发病。随着旅游、商贸、移民人群的流动，疾病迅速由广东省扩散到香港，并再扩散至越南、新加坡、中国台湾以及加拿大的多伦多，其中北京和香港的疫情最为严重。全球共有 31 个国家和地区报道了本病的发生。

世界卫生组织将这种病命名为重症急性呼吸综合征（SARS），我们一般称为传染性非典型肺炎（简称非典），它是一种冠状病毒引起的急性呼吸道传染病。主要的传染源是病人以及带病毒的野生生物。主要传播途径为近距离飞沫传播和密切接触传播。飞沫传播是空气传播的一种方式，病原体由传染源通过咳嗽、喷嚏、谈话排出的分泌物和飞沫，使易感者吸入后被感染。接触传播是指非典患者的分泌物、排泄物、污染物品，通过口、鼻、眼黏膜侵入接触者造成感染。人群对该冠状病毒没有免疫力，所以对非典普遍易感，但儿童感染率较低，且与非典患者密切接触的人是非典的高危险人群。

2. 非典型肺炎有哪些症状

传染性非典型肺炎的潜伏期为2~14天，起病急、进展快，典型症状为持续性发热、呼吸困难、干咳、畏寒、高热。高热（>38℃）是其首发症状，在早期使用退热药可有效降温，进入进展期，通常难以用退热药控制高热，常伴有畏寒、肌肉酸痛、关节酸痛、头痛、乏力等。症状持续时间长达7~14天，高峰亦在7~14天，退热后，无呼吸道卡他症状（咳嗽、流涕、打喷嚏、鼻塞等），呼吸系统其他症状比较明显，如刺激性咳嗽，偶有痰中带血，可有胸闷，胸部X片显示有不同程度的片状、斑片状浸润性阴影，严重者出现呼吸快、气促或呼吸困难，呼吸困难和低氧血症（血液中含氧量降低引起的一系列症状）多见于发病6~12天以后，重症病人需要气管插管和呼吸机辅助治疗。

传染性非典型肺炎和普通感冒有相似症状，比如发烧、咳嗽、全身酸痛、无力，但普通感冒通常数日后就好转，一般不会出现肺炎。因此，当出现上述典型症状后，应该要注意分辨，及时去医院进行相关检查，以免耽误最佳治疗时机。区别两者主要通过以下几个方面：

（1）非典发热常为持续高热（38℃以上），使用抗生素或退热药物基本无效；而一般感冒发热程度较轻，使用退烧药后体温可下降，病情好转，极少出现肺炎。

（2）非典主要是呼吸急促、呼吸困难等症状；而一般感冒主要表现为流涕、打喷嚏、咽痛等症状。

（3）非典在发病刚开始时就会迅速地出现肺炎表现，胸片检查出现不同程度的片状絮状阴影；而一般感冒引起的肺炎先有很重的临床表现，后在胸片上可以看到肺部有阴影变化。

3. 非典型肺炎可防、可控、可治

2003年国家卫生部将"传染性非典型肺炎"列为《中华人民共和国传染病防治法》的法定传染病，并进行严格管理。虽然其传染性极强，但和所有传染病一样，只要控制传染源，切断传播途径，保护易感人群，就可以做到有效防控。非典型肺炎以近距离飞沫传播为主，也可通过接触呼吸道分泌物传播（比如被病毒污染的手触摸口鼻黏膜、眼结膜而传播）。SARS冠状病毒多存在于病人呼吸道上皮。应对方法是隔离病人，避免患者排出的病毒感染他人。

传染性非典型肺炎一定要早发现、早诊断、早隔离。2003年非典流行时期因诊断不明确、未采取有效防护措施而引起大规模医院内传播是早期暴发的主要原因，控制非典流行，病人的早期预警和有效的防护非常重要。日常生活、学习、工作中，与SARS患者或疑似患者有过较长时间近距离接触人员，为密切接触者，需要进行一段时间观察、隔离，一旦发生发热等临床症状，必须到指定医院实施医学观察。如果家人出现发热，体温达38℃以上，伴有咳嗽、全身酸痛等症状，一定要及时去医院就诊，不能拖延，不能存

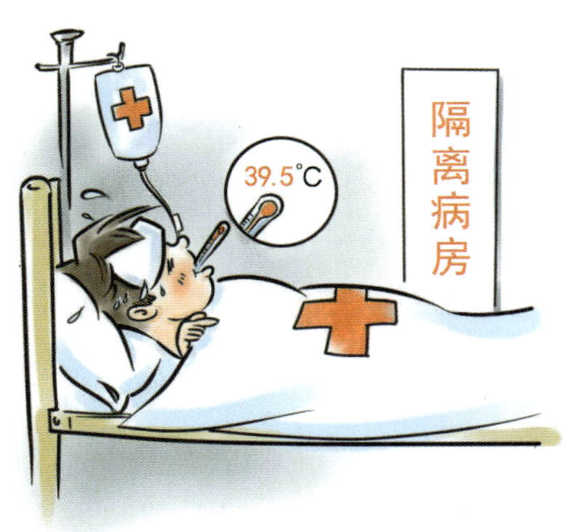

在侥幸心理，根据医生的诊断做好隔离和治疗。

在我们的日常生活中，做好个人防护极其重要，主要可以通过以下方法进行预防：

（1）保持良好的个人卫生习惯，勿与他人共用毛巾、餐具。

（2）打喷嚏或咳嗽时用纸巾或手帕掩住口鼻。咳嗽时，一次可排放出3600个小飞沫，在1m范围内的空气中飘浮5min，这种带病毒的飞沫，很容易被易感者直接吸入，引起感染。

（3）勤洗手，在吃饭前、如厕后，在打喷嚏、咳嗽后，在接触门把手、扶梯、电梯按钮等物品后，一定要及时洗手。

（4）避免去人多或相对密闭的地方，出门时一定要戴好口罩。

（5）合理膳食，增加优质蛋白、维生素的摄入，提高机体免疫力。

（6）多参加锻炼，增强体质。

（7）保护野生动物，拒绝食用野味，食用肉类时要彻底煮熟。

（8）保持积极乐观的心态，注意休息也有助于提高对非典的抵抗力。

同时，我们还应该做好家庭卫生的清洁，主要包括以下几点：

（1）住所或活动场所勤开窗、多通风。

（2）及时做好家庭卫生的清洁。

（3）对家中的物品定期进行消毒。

非典患者的治疗主要是卧床休息，镇咳祛痰，物理或药物降温，维护重要脏器心、肝、肾等器官的功能，严重者可应用糖皮质激素。目前尚无有效的疫苗或药物预防方法。

非典并不可怕。只要正确认识这种疾病，掌握科学的防控方法，我们就一定能够远离疾病，保护健康。

第 3 节

重视流感　科学预防

1. 流感与普通感冒的区别

流感和普通感冒是不是一种病呢？实际上它们俩是有区别的，虽然临床症状相似但治疗手段不同。

普通感冒即上呼吸道感染，简称上感，俗称“伤风”。它是由病毒、细菌引起的呼吸道传染病。普通感冒大多数由鼻病毒、冠状病毒、副流感病毒等引起，但不包括流感病毒。临床症状主要为打喷嚏、流鼻涕、鼻塞、咳嗽等，伴或不伴发热、乏力等，很少有并发症发生。常不发热或轻中度的发热，而且发热的持续时间较短，一般为 1~2 天。普通感冒是一种自限性疾病，通常依靠自身抵抗力就能逐渐痊愈。发病不具有季节性，一年四季都可以发病，而且每人每年可不止 1 次患病，多是散发（即疾病的发生零星分散，并不集中）。普通感冒一般程度较轻，没有特效药，多是通过对症治疗来缓解感冒引起的症状，感冒期间注意休息饮水即可。

流行性感冒简称流感，是由流感病毒引起急性呼吸道传染病。流感病毒有甲、乙、丙 3 型，流感病毒的一个突出的特点是因为它是 RNA 病毒，容易发生变异。甲型流感病毒变异较快，是人类流感的主要病原，乙型流感病毒变异相对较慢。病毒变异产生新的亚型可引起世界性大流行。20 世纪以来，在全球范围内发生过 6 次重要的流感暴发，给人类造成巨大的灾难。流感的症状主要为明显的发热，且全身症状较重，如剧烈的头痛、全身肌肉酸痛、明显的乏力、食欲差等，而上呼吸道症状（如咽痛、咳嗽、流鼻涕等）不太明显，有的病人有中耳炎、支气管炎、肺炎、脑炎等并发症。发热程度与普通感冒不同，大多为 39~40℃的高热，伴有寒战，而且发热持续时间较长，一般为 3~5d。流感不同于普通感冒，疾病发生有明显的季节性，多发生于冬春季节，无论男女老少都易感。流感可以用以奥司他韦为代表的药物进行有效的治疗，出现症状后如果在 48h 内尽早用药的效果显著。

流感引发的疾病后果要远远大于感冒。虽然对于抵抗力强的健康成人来说危害可能并不大，只是较普通感冒的发热、全身症状等更重，病程更长，大部分能自愈。但是对于抵抗力较低的人群如儿童、老年人、孕妇、患有各种慢性病的人或者是体质虚弱的人等都比较容易发展成重症，而且重症病情发展迅速，大多重症流感患者在发生疾病的第 5~7 天会发生肺炎等严重并发症，出现呼吸困难，导致更严重后果甚至死亡。所以要学会区别流感和普通感冒，在发现症状后及早就医。

2. 如何预防流感

流感病人是主要的传染源，感染后 1~4 天可传染，在疾病痊愈后 1 周甚至更久的时间里仍然可以散播病毒，有传染性。流感传播主要通过飞沫和空气传播，当病人咳嗽、打喷嚏、擤鼻涕及谈话时，病毒通过飞沫传给周围的人；还可以通过接触传播，流感病人的手上很容易沾染自身的呼吸道的分泌物，通过接触其他物品或他人，使他人受到传染，同时病人咳嗽或是喷嚏排出的飞沫也可能留在物体表面，其他人的手接触后再触碰自己的口鼻或黏膜组织就会感染。根据流感的特点，我们可以从以下几个方面来进行预防：

（1）接种疫苗。预防流感的手段中最有效的就是接种疫苗。由于流感病毒容易变异，而且流感疫苗只能起到6~8个月的保护作用，所以接种流感疫苗最好在每年的流行季节前开始接种（也就是冬春季节之前，大约为9~10月份）。虽然接种疫苗可以显著降低患病风险，但是接种了疫苗并不等于一定不患流感，因为接种的疫苗所预防的毒株可能与当年流行的病毒株不一致。

（2）注意个人卫生，培养良好的卫生习惯。如勤洗手，饮食前、如厕后、手掩口鼻咳嗽和打喷嚏后应及时洗手；咳嗽或打喷嚏时注意遮挡，可用纸巾、手帕等遮挡口鼻；用过的纸巾要及时丢进垃圾桶，或是用衣袖内侧，弯曲胳膊进行遮挡；必要时配戴口罩，尤其是本人患上流感要注意戴口罩，防止感染他人。

（3）加强居住环境的卫生，经常开窗通风，定期大扫除，保持室内清洁，空气流通，可以减少病菌，同时勤晒被褥，勤换洗衣服等；在学校教室也要勤通风、勤打扫，保持干净整洁。

（4）在流感高发期尽量不要到人群拥挤、通风条件差的场所，还要避免接触有发热、咳嗽或流涕等症状的病人。

（5）坚持体育锻炼和耐寒锻炼，增强身体抵抗力。

（6）饮食均衡合理，要多吃蔬菜、水果；适当增加水和维生素的摄入，多喝水能保持鼻黏膜的湿润，帮助抵御病毒的入侵。

（7）生活作息要有规律、保证充足睡眠；注意天气变化，及时增减衣服、运动后不要用冷水冲澡等，提高自身免疫力。

第 4 节

防治禽流感　你我都有责

1. 可怕的禽流感

近几年来，禽流感病毒不断越界侵犯人类，导致人类疫情频发，引起了大家的广泛关注。禽流感病毒，顾名思义，是指通过攻击禽类引起禽类发病的一种病毒，禽类感染后即是禽流感。人类对禽流感的奥秘已经进行了 100 多年的探索。早在 1878 年，就有禽流感的记录资料，当时的意大利出现鸡群大量死亡，被称为鸡瘟，直到 1955 年科学家证实鸡瘟病毒属于甲型流感病毒，自此这种疾病更名为“禽流感”。禽流感病毒是一个大家族，它包括很多家庭成员，目前发现的已有千余个，大部分成员都能“安分守己”，但一小部分常常“闹事”，引起禽类感染生病。其中一些致病能力弱的成员（如 H9N2、H7N7 等）不再“满足现状”，想要扩展它们的活动领域，在禽类之间流行的时候快速发生变异，变成高致病性禽流感病毒，而且经变异后能侵犯人类，使人类发生人感染禽流感。1997 年，香港暴发禽流感，在 1 名死于流感继发肺炎的儿童体内分离出了禽流感病毒，这是禽流感病毒可以直接由禽类感染到人类的首次报道。

禽流感病毒由于种种原因突破种族障碍而侵犯人体，引起人类急性呼吸道传染病。人类对禽流感病毒缺乏免疫力，当禽流感病毒变异后，人类普遍易感，特别是曾经与病禽密切接触的人更容易感染。而且禽流感病毒家族的一些成员“恃强凌弱”，儿童、老年人等身体比较弱、免疫力低下的人感染后，病情通常更加危重，甚至危及生命。再加之人感染禽流感的初始症状类似普通流感，通常难以辨别，常因得不到及时诊断和治疗使病情进展，严重时出现各种并发症甚至死亡。目前该病无特效药和疫苗，导致该病的病死率居高不下。

自 20 世纪以来，全球已暴发了 20 余次高致病性禽流感，不仅造成了人类的伤亡，同时重创了家禽养殖业。人感染高致病性禽流感属于我国法定乙类传染病。我国是世界上人口最多、家禽养殖量最大的国家。由于数量庞大、种类繁多的禽类流动、候鸟迁徙难以控制，农村的家禽养殖有人禽畜共处的传统，城市也有禽类产品交易，致使禽类疾病传播到人身上的可能性增大。这正是禽流感病毒的可怕之处。

2. 我是不是得了禽流感

人类一年四季均易感染禽流感，禽流感病毒不喜欢晴热天气（因为紫外线对它有一定的杀灭作用），因此，在冬末春初气温忽高忽低之时，病毒会变得活跃，是最容易发生禽流感流行的时间。此时人群普遍易感，但儿童、青少年的发病率相对较高，病情也比较严重。人类感染禽流感病毒后，常因感染病毒的种类不同而潜伏期长短不同，一般为 7 天以内，平均为 3~4 天。早期表现类似普通流感，主要表现为高热（体温大多在 39℃以上）、鼻塞、流涕、咳嗽、咽痛、肌痛、全身不适等，部分病人可有恶心、腹痛、腹泻等消化道症状。大约一半的病人会出现肺炎。病人的预后情况与所感染禽流感病毒的种类、病人自身的抵抗力和是否得到及时诊断和治疗密切相关。少数病人特别是年龄较大、治疗过迟的患者，病情会迅速恶化，出现肺出血、急性呼吸窘迫综合征、肾衰竭、胸腔积液、败血症休克等多种并发症，这是导致死亡的最重要的原因。当出现一系列类似流感的症状时应戴上口罩及时去医院就诊。若近期去过禽流感流行的地方和活禽市场或接触过病禽，或是吃过没有煮熟的禽肉和蛋类，应该第一时间如实告诉接诊医生，以便医生及时诊断并做出相应预防措施。

3. 这样预防禽流感

人感染禽流感的传染源是携带病毒的禽类和病人，传播途径有 4 种：一是直接接触病禽，或接触病禽分泌物和排泄物污染的物品、接触受病毒污染的水和环境等；二是病毒通过损伤的皮肤或眼结膜进入体内而发生感染；三是病禽的羽毛可携带病毒，禽类的分泌物和粪便中的病毒会以气溶胶的形式经呼吸道感染人类；四是直接接触病毒毒株而获得传染。人感染禽流感之前常有禽类的流感疫情，出现大量禽类聚集发病或死亡的情况，这时我们就要拉响红色警报，提高警惕，注意预防。根据人感染禽流感的这些传播特点，我们可以从以下几个方面进行预防：

（1）**早发现、早隔离、早治疗**。当出现发热、咳嗽、全身酸痛等类似流感的症状时，要立即到医院就诊，做到早发现、早诊断、早治疗，避免病情加重，造成不可挽回的损失。同时，也要尽早隔离，预防疫情扩散。

（2）**养成良好的卫生习惯**。要勤洗手，不用不干净的手碰触眼、口、鼻，在禽流感流行时可以使用含酒精的洗手液。室内勤通风换气，每天开窗 1~2 次，一次 30min，保持空气流通。回家后立即换衣换鞋，并定期进行卫生大扫除，保持居家环境的清洁。多晒被褥和衣物，利用紫外线消毒灭菌。打喷嚏或咳嗽的时候要用纸巾、手帕等遮掩口鼻，避免感染他人。

（3）**培养健康的生活方式**。不挑食、不偏食，注意营养均衡。加强体育锻炼，保证充足的睡眠和休息，冬春季节注意保暖，提高身体免疫力。保持心情愉悦、积极向上。

（4）**注意饮食卫生**。不要购买并食用无检疫证明的鲜、活、冻禽及其产品。生熟食物要分开处理，若手上有伤口，处理生肉时最好配戴手套。食用禽肉和蛋类时要彻底煮熟煮透，不吃生的或半熟的禽肉或蛋类。

（5）**减少接触，避免感染**。在禽流感高发时期，尽量少去人群密集和空气不流通的场所。尽量不去活禽市场或摊档，不购买活禽并宰杀，减少与禽类不必要的接触，特别是尽量避免与病死禽类接触。不随意饲养野鸽或其他鸟类，若家里有饲养家禽，要做好家禽的笼舍卫生清洁、粪便处理和消毒工作，接触后要注意鞋和衣物清洁，并立即用肥皂或消毒水彻底清洗双手。

（6）**外出游玩时，要尽量避免接触禽鸟或是去野禽栖息地**。若发现受伤或死亡的禽鸟，不要随意触碰，应及时向所在地区相关管理部门报告。若禽类粪便不小心沾到衣服上，回家后立即用消毒液清洗。

预防人感染禽流感的重点在于，减少接触、及时消毒、做好个人防护、养成良好的卫生习惯。人感染禽流感可防可控并不可怕！

第 5 节

远离手足口病

手足口病是一种儿童常见急性传染病，自 1957 年被新西兰首次报道以来，在世界大部分地区均有流行。手足口病 1981 年在我国上海首次发现，自此全年各地均有发生，2008 年国家卫生健康委员会将其纳入丙类传染病管理，其发病率在我国丙类法定传染病中占据首位，年均发病人数超过 200 万，其死亡率也数居我国丙类法定传染病首位。手足口病已成为严重威胁儿童健康的全球性公共卫生问题。

1. 手足口病是什么

手足口病是全球范围内广泛流行的传染病，由人肠道病毒引起，已发现有 20 余种肠道病毒可导致该病。我国手足口病病原以柯萨奇病毒 A16 型（CV-A16）和肠道病毒 71 型（EV-A71）最常见，且 EV-A71 所致多为重症或死亡病例，CV-A6、CV-A10 近年在部分地区也有增长趋势。手足口病流行与气温等气候条件有较大关系，因为肠道病毒喜欢湿热环境，故手足口病一年四季均可发病，但北方地区夏秋季高发，南方地区春夏出现主高峰，秋冬季节出现次

高峰，人群普遍易感，6 月龄到 5 岁内儿童是高发人群，重症死亡多发生于 3 岁以下儿童。

感染肠道病毒后是否发病，取决于人体的抵抗力。由于成人免疫系统功能比较完善，感染后一般不发病，即隐性感染；而 5 岁以下孩子免疫力较弱，易感染发病。手足口病有 3 条传播途径：

（1）**粪口传播**。病毒在感染者的粪便中存活时间较长，可直接或间接污染水、食物等，通过食用被污染的水和食物造成感染。

（2）**接触传播**。通过接触被患者粪便、疱疹液、唾液、鼻涕等污染的物品（玩具、毛巾、衣服等）而发生感染。

（3）**呼吸道传播**。患者咳嗽或打喷嚏时将病毒散播到空气中，通过空气飞沫传播。患儿和隐性感染者是手足口病的主要传染源，且隐性感染率较高。手足口病肠道病毒侵入人体后复制进入血液，可进一步播散到多个组织和器官，从而导致相应的临床表现。

手足口病以口腔黏膜疱疹或溃疡，手、足等部位出疹为特征，潜伏期一般为2~10天，平均为3~5天，大多数患者1周内可痊愈。手足口病分为普通型和重型。普通型手足口病较常见，临床表现以发热，手、足、口、臀、腿等部位出现红色皮疹为主，可伴有厌食、疲倦、咳嗽、流涕等症状，疱疹内液体较少，且不疼不痒，皮疹消退后不结痂、不留疤。有的人仅出现皮疹或疱疹性咽峡炎，或是皮疹不典型甚至无皮疹。

普通型绝大多数会痊愈，少数会在病程5天内发展成手足口病重型或危重型，常累及神经系统、呼吸系统和循环系统症状，如精神萎靡、嗜睡、头痛、惊厥、抽搐、意识障碍、口唇暗紫、咳粉红色泡沫痰或血性液体、面色苍白、出冷汗等，严重者导致脑干脑炎（最为凶险）、无菌性脑膜炎、心肌炎、神经源性肺水肿、循环衰竭等并发症。危重型病情凶险，进展迅速，若不及时诊断和救治则病死率超过80%。大多数手足口病患儿预后良好，无后遗症，个别重症病例恢复后会有一定残疾，比如肢体麻痹、肌肉收缩无力等。因此，及时识别和治疗重症病例，是降低病死率和致残率的关键。

2. 怎样远离手足口病

手足口病的防控难度比较大，这是因为它是多病原、多传播途径的疾病，而引起手足口病的20多种病毒之间没有互相交叉免疫，同一种病毒导致的手足口病痊愈后也不能获得终身免疫。比如说，第1次因感染CV-A16发病，再次感染可能是由EV-A71引起的，也就是说，你感染过手足口病，也可能会因再次感染不同种类肠道病毒而发病。传染病预防需从它造成流行的3个基本环节入手，即控制传染源、切断传播途径和保护易感人群。主要预防措施如下：

（1）**早发现、早诊断、及时隔离、及时治疗**。手足口病普通型在家遵医嘱对症治疗即可，但一定要做到早发现、早诊断、及时治疗，这样不仅可以减少肠道病毒的传播机会，更重要的是可以防止因救治不及时导致普通型发展成重症危重型，导致预后不良，产生严重后遗症，甚至死亡。患儿应在家隔离或住院隔离，不去人群密集、空气流通差的场所，避免传染给他人或者造成交叉感染。成人也要有隔离意识，成人接触病毒后虽大多不会发病，但可能成为隐性感染者，将病毒传染给孩子或带到环境中。

（2）**及时消毒，避免接触**。要勤开窗、多通风，保证室内空气流通，如有条件可用紫外线给室内消毒，肠道病毒对紫外线是很敏感的。尽管手足口病常用含氯消毒剂消毒，但它对皮肤刺激比较大，所以家庭中要少用。定期对儿童常接触的物品进行消毒，如门把手、课桌椅子、游乐设施、餐具、毛巾等，多在户外晾晒衣物被褥。患儿的粪便、痰液携带病毒较多，传染性强，应做好防护消毒。此外，要做到勤洗手、洗净手，尤其是接触可能携带病毒的物品或者接触他人时。要注意的一点是，常用的75%的医用酒精对杀灭肠道病毒没有作用。避免与患儿密切接触，疾病流行期间尽量不去人口密集场所。

（3）**保持良好的个人卫生习惯**。这是预防手足口病的关键。我们手在日常生活中接触特别广泛，易携带各种细菌病毒，所以勤洗手、洗净手可预防多种疾病，减少传染机会，普通洗手液虽不能杀死病毒，但在一定程度上可以减少病毒的附着。不与他人共用餐具、毛巾等个人用品。吃熟食、喝开水，避免病毒通过食物和水传播。咳嗽、打喷嚏时掩住口鼻，不随地吐痰，避免飞沫传播。

（4）**接种EV–A71疫苗**。EV–A71型灭活疫苗是由我国首创、全球唯一上市的预防手足口病的疫苗，主要针对EV–A71型。鉴于EV–A71所致手足口病的特点，6~12月龄的儿童优先接种疫苗，早期预防，保护率在90%以上，但已感染过EV–A71的儿童就会获得免疫力，就没有必要接种了。基础免疫一般是2次，间隔1个月，接种疫苗可能出现轻度发热、局部红肿、疼痛，3天内可自行缓解。关于肠道病毒的其他血清型的疫苗尚在研制中。

手足口病目前虽没有疫苗，但它可防可治，重在预防，只要做到“勤洗手、吃熟食、喝开水、多通风、晒被褥”，养成良好的卫生习惯，保持健康的生活方式，就能有效地防控手足口病的发生与流行。

第 6 节

认识水痘　保护自己

水痘是一种全球范围内分布的急性传染病，有着相当悠久的历史。近年来，我国的水痘发病率总体呈上升趋势，常在幼儿园和学校暴发流行，已成为危害儿童健康较严重的公共卫生问题之一。

1. 水痘的表现

水痘是由水痘－带状疱疹病毒引起的原发感染，以全身性丘疹、水疱、结痂为特征的一种儿童常见的急性传染性皮肤病。水痘－带状疱疹病毒没有动物宿主，人是它唯一的自然宿主，皮肤是它的主要攻击对象。儿童初次感染该病毒发生水痘，恢复后病毒可终身潜伏在神经系统中，少数人可因成年后免疫力低下等病毒复发而引起带状疱疹，这便是水痘－带状疱疹病毒名字的由来。水痘一年四季均可发病，冬春季是高发季节。任何年龄人群都容易感染水痘－带状疱疹病毒，其中未接种水痘疫苗的儿童和免疫力低下的人更容易得此病，患者中以 1~14 岁的孩子居多。水痘的传染性特别强，易感者接触患者后约 90% 会发病，俗称“见面传”。因此在幼儿园、中小学等集体场所，水痘容

易暴发流行。

水痘患者是水痘的唯一的传染源，从发病前 1~2 天到皮疹完全结痂为止均有传染性，但结痂后没有传染性，得过水痘的人一般可获得持久的抵抗力，不会再得，但极少数人可能会因为免疫缺陷等再得水痘。水痘主要通过呼吸道飞沫（说话、咳嗽、打喷嚏）和直接接触患者（如疱疹的疱液）传播，也能通过接触被病毒污染的物品传播。水痘－带状疱疹病毒入侵人体后，繁殖进入血液，这段时间一般为 4~6 天，可通过血液系统散布在全身各组织器官，到达皮肤时出现皮肤损害，即水痘。水痘是自限性疾病，即发展到一定阶段会自然停止，并逐渐痊愈。

根据水痘的严重程度可将其分为普通型和重度型。普通患者一般症状较轻，常伴有乏力、瘙痒等。重症患者多发生于免疫功能低下者，可表现为出血型水痘、坏疽型水痘。水痘的典型症状可分为 3 期：

（1）**潜伏期**。即从患者感染水痘－带状疱疹病毒到出现临床症状的时期，一般为 9~21 天，平均为 14 天。

（2）**前驱期**。即从出现临床症状到出疹的时期，儿童大多数直接进入下一期，皮疹和全身反应同时出现。少数有低热、头痛、全身乏力、厌食等表现，持续 1~2 天出现皮疹。

（3）**出疹期**。出疹部位顺序为：躯干—头部—面部—四肢。皮疹分布具有向心性的特点，一般前胸、后背先出，且分布密集，然后向其他部位蔓延，四肢及面部较少，但严重时也可遍布全身。皮疹最开始是扁平、发痒的粉红色斑疹，数小时后形成突起的小水疱（丘疹），接着数小时后发展成薄壁饱满且充满清亮液体的疱疹，底部有一圈红晕，24h 后疱液会变浑浊，疱疹易破溃，3~4 天后，疱疹干瘪结痂脱落。在出疹的 2~4 天内，皮疹会陆续分批出现，因此形成水痘皮疹的特征性表现，即“四世同堂”，在出疹高峰期可以看到斑疹、丘疹、疱疹和结痂疹同时存在。除皮肤的出疹表现外，口腔、咽部或女孩外阴部等的黏膜也可有皮疹。多数人会在发病第 6 天左右疱疹全部结痂，预后一般不会留下瘢痕，如合并细菌感染则会留瘢痕。水痘的皮疹在患有湿疹的儿童身上可能相对更严重或分布更广。

水痘一般预后良好，痊愈后体内形成抗体，获得永久性免疫，即不会再感染水痘。若不及时治疗，可能出现细菌感染、肺炎、肝炎、脑炎等，特别是婴儿、成年人以及有免疫缺陷的人群。极少数重症病人病情凶险，可能会有智力迟钝、癫痫发作等神经系统后遗症，甚至可能因为急性呼吸衰竭等致死。此外，孕妇妊娠早期感染水痘，胎儿可能被感染，引起胎儿畸形；妊娠后期感染水痘，虽不会影响胎儿的发育，但可能引起胎儿先天性水痘综合征。

2. 预防水痘的方法

水痘是自限性疾病，病后一般可获得终身免疫，但水痘的传染性极强，一旦在人群中发现一例水痘患者，就很难防控水痘在该群体中的暴发流行。因此，不论是大人还是小孩，都不能对水痘的预防掉以轻心。要防患于未然，只有及早预防，才能让我们远离水痘的侵袭。那么，如何在日常生活中做好水痘的预防呢？

（1）**接种水痘疫苗**。这是目前最有效、最经济的预防手段。虽然接种疫苗不能保证100%不得水痘，但疫苗保护率在95%以上，且接种疫苗后即使得了水痘，症状也比较轻，降低了出现严重并发症的风险。原则上没有得过水痘的儿童、青少年、成人都应接种水痘疫苗，但若对疫苗成分过敏，或发热，患有急性疾病，或接种部位患有皮炎、化脓性皮肤病、严重湿疹，或患有严重慢性疾病，或免疫功能低下等，则不宜接种。接种后一般较少出现不良反应，主要是注射局部疼痛、红肿、硬结，发热和皮疹，均可自行缓解。

（2）**及时隔离，注意消毒**。如果同学们得了水痘，要在家隔离治疗直到皮疹全部结痂为止，一般不少于2周。这段时间同学们要请假待在家中，不能出门和其他孩子玩耍接触，并防止与孕妇接触，以免传染给他人。对患者或是被患者疱液等污染的衣物、用具等要彻底清洗，并用日晒、煮沸等方式进行消毒。

（3）**减少接触，预防感染**。在水痘流行季节尽量不去或少去人口密集的场所，避免接触水痘患者。需要注意的是，成人的带状疱疹也会传染给儿童引起水痘。出行戴口罩，不共用碗筷等，避免接触被水痘患者唾液、疱液、血液等污染的物品造成感染。患者咳嗽、打喷嚏时应遮掩口鼻。

（4）**多开窗，勤通风**。开展教室、寝室、活动室卫生大扫除，白天持续开窗通风，保持空气清新、流通。

（5）**注意个人卫生**。保持皮肤清洁，勤换衣服，勤洗手，勤剪指甲。水痘患者要防止抓挠，以免抓破水疱造成继发感染。

第 7 节

遏制结核 从我做起

（6）**多晒太阳**。多穿衣服、注意保暖，多在户外阳光下学习、活动。要把被褥、衣服放在阳光下晾晒。

（7）**保持充足的睡眠，多吃水果蔬菜**。可适当补充维生素，积极锻炼身体，增强免疫力。水痘患者应多喝水，清淡饮食，不宜食用生发（如葱、姜、羊肉等）、辛辣、油腻、热性的食物。

结核病是一种古老的疾病，它曾在全世界广泛流行，是危害人类的主要杀手，夺去了数亿人的生命。结核病是由结核杆菌感染引起的慢性传染病，一年四季都可以发病，15~35 岁的青少年是结核病的高发峰年龄。

肺结核病是由结核杆菌侵入人体后引起的一种具有强烈传染性的慢性呼吸道疾病，可侵及许多脏器，以肺部结核感染最为常见。肺结核 90% 是通过飞沫经呼吸道传染的。传染源主要是痰涂片阳性的肺结核排菌患者。健康人受到结核杆菌感染后，不一定都发病，当感染的结核菌毒力强而身体抵抗力较低，即出现过于劳累或营养不良等情况时才容易发病，发病的概率大约在 10% 左右。若能及时诊断，并予以合理治疗，大多可获临床痊愈。

1. 哪些表现可能是肺结核

肺结核早期症状不典型，很多患者误以为是感冒，长期不明原因的低烧、消瘦、乏力都是其早期症状，在没有感冒的情况下，连续咳嗽半个月以上，就要考虑结核感染可能，应当到专科医院进行检查。典型的肺结核多起病缓慢，病程较长，患者常有午后低热、乏力、食欲减退、体重减轻、盗汗、咳嗽、咯血等症状，妇女还有月经不调等。当肺部病灶急剧进展时，也可出现高烧不退。许多肺结核的临床表现并没有那么典型，由于表现多种多样，常常使肺结核病难以及时发现。例如，有些患者病灶轻微，常无明显症状，多经X射线检查才能发现；还有一些患者则是突然咯血后才被发现；一些老年患者还常常被慢性支气管炎掩盖症状。如果有人连续咳嗽、咳痰3周以上或有痰中带有血丝，必须及时到医院做胸部X射线检查、结核菌素试验和痰结核菌检查。

肺结核如果不及时治疗，会使你的肺部病变不断扩大，累及心脏、腹腔、

小肠、肝脾等，从而影响患者的健康、生活，严重时会危及生命。同时可能传染家人和朋友。与普通肺结核相比，耐药性肺结核诊断更难、治疗所需时间长，从而导致其传染期更长，患者的病情迁延不愈，四处流动，大大增加了耐多药菌传播的机会和范围。而且耐多药肺结核所需治疗时间长达 2 年之久，治疗费用昂贵，将对家庭和社会带来沉重的经济负担。

2. 怀疑结核早检查

目前，我国县级和县级以上城市，都设有结核病防治的专业机构，有专业的仪器、设备和专科医生。这些机构大多数设在各级疾病预防控制中心，有的地方有独立的结核病防治所。有结核病可疑症状者应该到专业机构去检查。我国现在对有肺结核可疑症状者实行免费检查，包括胸部透视、拍摄胸片和痰涂片检查。对活动性肺结核患者提供免费抗结核药物。

若出现了咳嗽、咳痰、低烧、盗汗、乏力、体重下降等情况，则需要警惕肺结核疾病。对于疑似肺结核者需要立即到医院接受相关检查。目前检查手段较为方便，对于肺结核的诊断难度并不高，因此在有症状后切记要到医院接受诊治。通常来说，对于高度疑似肺结核患者，通过拍摄 X 光片就可判断出是否为结核病。除此之外，患者还需要接受结核菌素检查来确定是否感染了结核分枝杆菌，通过进行痰涂片等检查，能够明确是否患上了肺结核疾病。如属于肺外结核，则上述 2 项无法进行有效检测，可通过分子生物学、基因学检测来进行诊断。

3. 结核不可怕，治疗要规律

预防结核病的传播，必须抓好控制传染源、切断传播途径、保护易感人群 3 个环节。主要的措施有：

（1）早发现、早诊断、早治疗、治愈传染源（即肺结核病人），减少结核杆菌的传播机会。

（2）养成良好的卫生习惯，不随地吐痰，不对着他人打喷嚏或大声说话。

（3）保持室内经常性通风换气，锻炼身体，保持身体健康，增强免疫力。

（4）卡介苗是一种无致病力的结核杆菌活菌疫苗，接种后可使未受结核杆菌感染者获得免疫力，保护率约为80%，一般可维持5~10年左右。卡介苗的接种年龄越小越好，对象主要为新生儿和婴幼儿，一般出生24h内注射1针即可。必要时，对结核菌素试验阴性者也可进行疫苗接种或者复种。

（5）对已感染结核杆菌并有较高发病可能的人，应该在医生指导下进行药物预防。

得了肺结核并不可怕，只要树立信心、充分与医生配合、坚持正规治疗，绝大多数患者是可以治愈的。目前，治疗肺结核的主要是依靠药物治疗。药物是治愈结核病人，消除传染和控制流行的最有效的措施。我国结核病的治疗原则为：早期、联用、适量、规律、全程用药。抗结核药物的服用需要坚持5~8个月。在治疗期间，即使咳嗽等症状消失，也不能中断用药，一定要完成全程治疗。如果抗结核治疗中断或尚未完成，患者肺中的结核杆菌可以存活并繁殖，这将会导致治疗失败，甚至引发耐药性结核病，这时常用的抗结核药物可能已不再起作用。而耐药性结核病有可能成为一种不治之症，甚至比癌症更可怕。

因此，结核病患者只要按照医生制定的治疗方案，不间断地用药，坚持完成全疗程，结核病可以得到彻底的治愈，停药后也不易复发。最后希望同学们多主动了解结核病相关知识，不要惧怕肺结核，更不要歧视肺结核病人，知晓科学防护，养成良好的生活习惯，让我们远离结核危害。

第 8 节

人人努力　减少肝炎损害

1. 什么是病毒性肝炎

病毒性肝炎是一组严重危害人类健康的传染病，全球每年有数以百万计的人受到病毒性肝炎的影响，引起急性和慢性肝脏疾病。由于肝炎造成的疾病负担和死亡情况以及可能引发疫情和疫情传播，使得甲、乙、丙、丁、戊型这5种肝炎类型最为引人关注。其中，乙型肝炎和丙型肝炎可使数亿人罹患慢性病，并且二者是发生肝硬化和肝癌的最常见原因。甲型肝炎和戊型肝炎通常是因摄入受污染的食物或水造成的。乙型、丙型和丁型肝炎通常是由于通过非肠道途径接触了受感染者的体液而感染。

2. 认识乙型肝炎

乙肝病毒感染人体后，如果身体抵抗力强，免疫功能正常，而且治疗及时，那么乙肝病毒会很快被清除，乙肝在急性期就能治愈。如果乙肝病毒没能及时清除，则会转为慢性，病毒会长期携带，检查表现为乙肝抗原阳性，这就是我们所说的乙肝病毒携带者。如果乙肝病毒在肝细胞内活动，复制繁殖，则会出现临床症状，常见症状有：感觉肝区不适、隐隐作痛、全身倦怠、乏力，食欲减退、感到恶心、厌油、腹泻。慢性乙肝患病日久，会沿着“乙肝—肝硬化—肝癌”的方向演变，这就是我们常说的“乙肝三部曲”，所以患乙肝后应采取治疗措施，并定期检查身体。

乙肝病毒不仅存在于乙肝患者和病毒携带者的肝脏部位，也存在于乙肝患者和病毒携带者的血液、唾液、乳汁、精液和阴道分泌物中，因此，其主要传播途径为母婴传播、血液传播、性传播、医源性传播。

（1）**母婴传播**。母婴传播是最重要的传播途径，我国约有 30% ~ 50% 的乙肝患者是母婴传播所致，成人肝硬化、肝癌 90% 以上是婴幼儿时期感染了乙肝病毒。母婴传播主要是通过产道感染或宫内感染。

（2）**血液传播**。输入被乙肝病毒感染的血液和血液制品后，可引起输血后乙型肝炎的发生。与乙肝患者一起生活时，只要皮肤黏膜有损害，就有可能被感染。在日常生活中，与乙肝患者共用剃须刀、牙刷等也可引起乙肝病毒传播，这都叫密切生活感染。密切的日常生活接触，可使含有乙肝病毒的血液、唾液、乳汁、阴道分泌物等通过黏膜或皮肤微小的擦伤裂口进入易感者的体内造成乙肝病毒感染。

（3）**性传播**。乙肝患者是可以通过性行为传染的，性传播也是体液传播的一种。在家庭中，夫妻间如有一人是乙肝患者或乙肝病毒携带者，另一方就是高危人群，应及时注射乙肝疫苗。

（4）**医源性传染**。在医院的检查治疗过程中如使用未经严格消毒而又反复使用被乙肝病毒污染的医疗器械引起感染的，叫医源性传播，传播媒介包括手术器械、牙科器械、采血针、针灸针和内镜等。

3. 积极预防，主动检测

（1）乙型肝炎疫苗预防。接种乙型肝炎疫苗是预防乙肝病毒感染的最有效方法。乙型肝炎疫苗的接种对象主要是新生儿，其次为婴幼儿，15岁以下未免疫人群和高危人群（如医务人员、经常接触血液的人员、托幼机构工作人员、器官移植患者、经常接受输血或血液制品者、免疫功能低下者等）。乙型肝炎疫苗全程需接种3针，按照0、1、6个月程序，即接种第1针疫苗后，间隔1个月及6个月注射第2和第3针疫苗。新生儿接种乙型肝炎疫苗要求在出生后24h内接种，越早越好。接种乙型肝炎疫苗后有抗体应答者的保护效果一般至少可持续12年，因此，一般人群不需要进行乙肝抗体的监测或加强免疫。但对高危人群可进行乙肝抗体的监测，如抗体降低，可给予加强免疫。

（2）切断传播途径。大力推广安全注射（包括针灸的针具），并严格遵循医院感染管理中的标准预防原则。服务行业所用的理发、刮脸、修脚、穿刺和文身等器具也应严格消毒。注意个人卫生，不与任何人共用剃须刀和牙具等用品。进行正确的性教育，在性伙伴健康状况不明的情况下，一定要使用安全套预防乙型肝炎及其他血源性或性传播疾病。对乙肝表面抗原阳性的孕妇，怀孕后期3个月，每月注射乙肝免疫球蛋白，以中和孕妇体内的乙肝病毒，减少宫内传染的机会。对新生儿进行乙肝免疫球蛋白和乙肝疫苗的联合接种，能有效阻断乙肝病毒的传染。

（3）对患者和携带者的管理。在诊断出急性或慢性乙型肝炎时，应按规定向当地疾病预防控制中心报告，并建议对患者的家庭成员血液进行检测及接种乙型肝炎疫苗。对慢性乙肝患者及携带者，除不能捐献血液、组织器官及从事国家明文规定的职业或工种外，可照常工作和学习，但应定期进行医学随访。

4. 肝炎知识误区

许多人对肝炎认识不足，甚至存在一些认识误区，严重影响患者的就医行为。而对患者有歧视，甚至会影响我国对肝炎的防治。以下是我们生活中常见的肝炎认识 5 大误区：

误区一　和乙肝病人共餐会被传染乙肝

乙型肝炎由乙肝病毒感染引起，主要通过母婴、性行为和血液传播。日常中的接触，包括一起吃饭、握手、拥抱都不会传染病毒。

误区二　父母患有乙肝，会传给下一代

乙肝病毒携带者并不是不能结婚和生育，而是应该选择一个适当的时机并采取必要的防范措施后再结婚和生育，如：怀孕后定期到医院进行检查、生产时尽量缩短产程、新生儿出生后 24 小时注射乙肝免疫球蛋白、乙肝疫苗接种越早越好。

误区三　既然不能彻底清除乙肝病毒，就不要进行抗病毒治疗

由于乙肝病毒复制的特点，很难被目前的抗病毒药彻底清除，但可以长期抑制，只要病毒被抑制，就不会对肝脏造成破坏，患者的病情就能稳定，这样患者就可以正常地工作、学习、生活，这就是我们治疗所要达到的目标之一。因此即使不能清除，有效地抑制病毒也是有益的、必要的。

误区四　保肝药物治疗多多益善

乙肝患者在肝功能正常和稳定的情况下，无须治疗或无须长期治疗。只有在肝功能有损伤时，才需进行保肝等治疗，治疗也应在医生指导下，合理有效地用药，切忌多用、滥用、过量用药，否则将事与愿违，增加肝脏的负担，导致病情加重。因为肝脏是人体重要的代谢解毒的器官，过多的药物会增加肝脏代谢的负担。

误区五　病毒性肝炎等于甲肝、乙肝

提到病毒性肝炎，很多人第一时间想起的就是甲肝和乙肝，但事实上，病毒性肝炎除了甲肝和乙肝外，还有丙肝、丁肝和戊肝。虽然病毒种类不同，但都足以对人的健康构成严重危害。

我们应该走出肝炎认识误区，积极预防、主动检测、规范治疗，全面遏制病毒性肝炎对人类健康的危害。

第 9 节

艾滋病离你并不远

1. 艾滋病

艾滋病的医学名称叫作“获得性免疫缺陷综合征”。“艾滋”是其英文名称缩写的音译；“获得性”是指该病不是遗传得到的，而是人出生后才发生的；“免疫缺陷”是说这种疾病袭击人体的免疫系统，使人的免疫系统遭到破坏。

正常人体都具备一定的抵抗外界细菌、病毒和其他有害微生物的能力，叫作免疫力。凭借这种免疫力，人体才能及时地抵御病菌的侵袭，才能健康地生活。然而艾滋病病毒破坏的正是人体的免疫系统。因此，艾滋病病人会表现得非常脆弱。一些在常人身上不会致病的细菌、病毒都可能乘虚而入造成感染；在常人身上表现很轻的病症，在他们身上都会成为严重的、难以治愈的疾病。所谓“综合征”，意思就是说艾滋病会表现出多种多样的症状和体征。

2. 感染艾滋病病毒会出现什么症状

艾滋病感染初期，大部分被感染者没有任何症状，但随着被感染者的免疫力逐渐丧失，就会出现由轻到重的各种症状，最后直至死亡。虽然目前还没有能够预防艾滋病的疫苗，但采取有效的预防措施是可以达到避免艾滋病感染的目的的。如果不幸成为艾滋病患者，目前临床用于治疗该病的多种抗病毒药物可以有效地抑制人体内艾滋病病毒的复制，很大程度上可以缓解艾滋病患者的症状、延长患者的生命。

从艾滋病病毒进入人体起，人体就开始同它进行斗争。艾滋病病毒又叫“人类免疫缺陷病毒”，英文缩写为“HIV”。艾滋病病毒是小得连普通显微镜都看不到的微生物。它进入人体后，直接侵犯人体免疫系统，干扰和破坏具有抗感染能力的淋巴细胞，使人体抵抗疾病的能力下降，逐渐失去保护身体免受细菌或者病毒侵害的能力，使免疫系统不能将那些对生命有威胁的病菌全部清除。病毒在人体内的繁殖需要一定的时间，所以艾滋病病毒感染者并不是从带有病毒的第 1 天就“病入膏肓”的。在开始阶段，感染者的免疫功能还没有受到严重破坏，人体尚未表现出明显症状，这样的人被称为艾滋病病毒感染者。有些感染者在艾滋病病毒进入体内约 2~4 周时，可能出现类似流感一样的表现，如发热、肌肉酸痛和皮疹等，但是这些表现常常不会引起人们的特别注意，并且并不是所有感染着都有这些表现。这时感染者外表看上去和正常人一样。

当艾滋病病毒感染者的免疫机能被破坏到一定程度后，其他细菌和病毒就会乘虚而入，使患者发生多种疾病，艾滋病的表现可以是多种多样的，如严重腹泻、肺炎或某些癌症，甚至有些患者会发生痴呆，这时，被感染者就成为艾滋病患者。艾滋病患者最后往往会死于严重腹泻、肺炎、肿瘤等造成的身体衰竭。需要指出的是，艾滋病病毒本身并不会直接引发死亡，而是破坏人体的免疫系统，使人体失去抵抗力而感染多种疾病，进而导致患者死亡。

3. 艾滋病病毒以怎样的方式传播

艾滋病病毒主要存在于艾滋病患者和携带者的血液、精液、阴道分泌物和乳汁中。因此，艾滋病的传播途径主要有3条：

（1）**性交传播**。无论是同性还是异性之间的性接触都会导致艾滋病病毒的传播。性伴侣越多，感染艾滋病的危险性越大。

（2）**血液传播**。其中又包括输血传播、血液制品传播、共用针具的传播等，如果与艾滋病病毒感染者共用未消毒的注射器，会被留在针头中的病毒所感染。

（3）**母婴传播**。如果母亲是艾滋病感染者，那么她很可能会在怀孕、分娩过程或是通过母乳喂养使她的孩子受到感染。

艾滋病病毒离开人体会迅速被灭活，在体外基本不能生存，所以日常生活接触不会感染艾滋病，如握手、拥抱、礼节性接吻，咳嗽、打喷嚏，共用餐具、马桶、浴室、游泳池、床单、衣被等都不会感染，触摸艾滋病患者接触过的电话、钱币、办公用品、劳动用具及共同乘坐公共交通工具等也不会感染艾滋病病毒。各项研究也未证实蚊虫叮咬会传播艾滋病病毒。

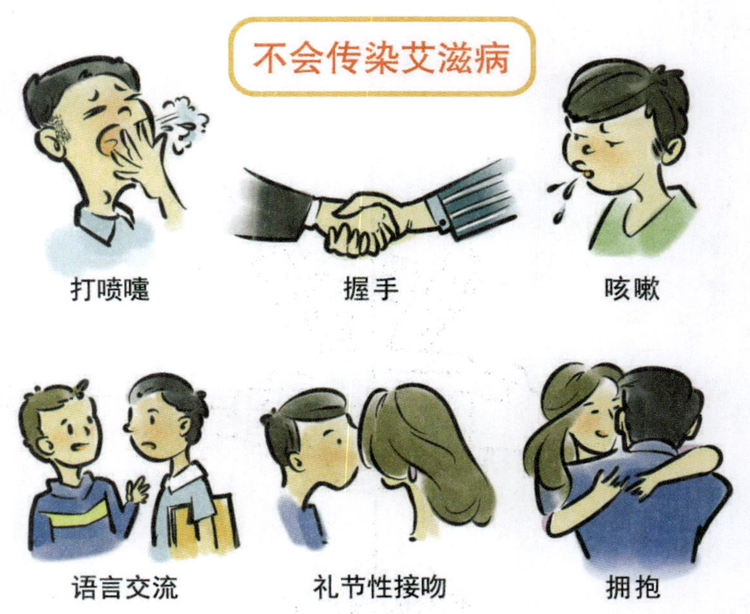

4. 如何防止感染艾滋病毒

艾滋病和身在象牙塔中的学子们似乎有很远的距离，但我们绝不能漠视艾滋病的存在，因为“恶魔”已经悄悄潜入我们身边，危险时刻都在。近年来，青年学生（15~24 岁）报告艾滋病病毒感染者人数呈增长趋势，已从 2008 年的 482 例上升到 2017 年的 3077 例。在 2017 年报告的青年学生病例中，男男性传播占 81.8%。如果大家都明白一些基本的防艾知识，树立防艾意识，艾滋病又怎么会乘虚而入呢！只要我们了解和掌握防艾知识，识别感染风险，避免危险行为，艾滋病是完全可以预防的。

艾滋病的预防措施有：

（1）不以任何方式吸毒。

（2）谨慎接受输血和血制品。

（3）不与他人共用针头、针管、纱布、药棉等用具。

（4）不去消毒不严格的医疗机构或其他场所打针、拔牙、穿耳朵洞、文身、文眉、针灸或手术。

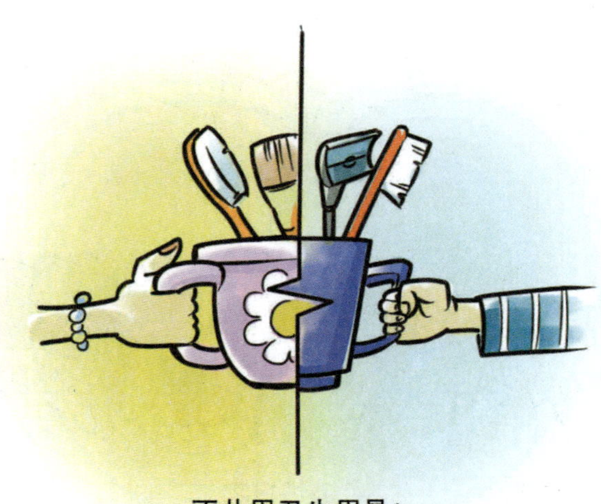

不共用卫生用具！

（5）避免在日常救护时接触受伤者的血液、体液或分泌物。

（6）不与他人共用有可能刺破皮肤的用具，如牙刷、刮脸刀和电动剃须刀。

（7）抓住“阻断”黄金时刻，高危行为后72h内及时服用抗阻断药。

怀疑自己得了艾滋病，可以到具有艾滋病检测资格的医疗卫生机构获得检测服务。常见的检测机构有疾病预防控制中心、医院和妇幼保健院等。

虽然人类同艾滋病的斗争已接近40年，但到目前为止，仍未发现有效的疫苗和彻底治愈该病的方法。尽管艾滋病尚不能治愈，但如果有高危行为，应尽早检测知晓感染状况并规范服用抗病毒治疗药物，还是可以达到延长生命、提高生活质量的目的的。

第 10 节

做好个人卫生

1. 别让双手成为传染源

父母经常教育我们“饭前便后要洗手”，可是为什么要洗手呢？因为洗手是预防传染病最有效、简便的方法之一。在日常学习、生活中，我们的手可能会接触到被病毒、细菌污染的物品，而手上的病菌可以通过手与口腔、眼睛、鼻腔的接触进入人体，从而引发疾病。比如新型冠状病毒肺炎的传播途径主要为飞沫传播和接触传播，通过洗手可以简单有效地切断这些传播途径，保持手的清洁卫生可以有效地降低感染新型冠状病毒的风险。同时，勤洗手、掌握正确的洗手方式，能够有效地降低肺炎等呼吸系统疾病和腹泻等胃肠疾病的发生风险。因此，在我们的日常生活中，掌握正确的洗手方式，养成勤洗手的卫生习惯非常重要。

然而，日常生活中我们应该怎么洗手？洗手虽是我们的日常行为，但大家未必做得正确。洗手的正确方法是使用流动水和肥皂或洗手液洗手，每次揉搓20s 以上，确保手心、手指、手背、指缝、指甲缝、手腕等处都被清洗干净，不放过任何一个细菌躲藏的地方。洗手不方便时，可以使用含酒精成分的免洗洗手液进行手部清洁。洗手时首先用流动水将双手淋湿，然后取适量肥皂（或洗手液）均匀地涂抹双手，并认真揉搓双手至少 20s，揉搓步骤分为 7 步，称为“七步洗手法”。具体步骤如下：

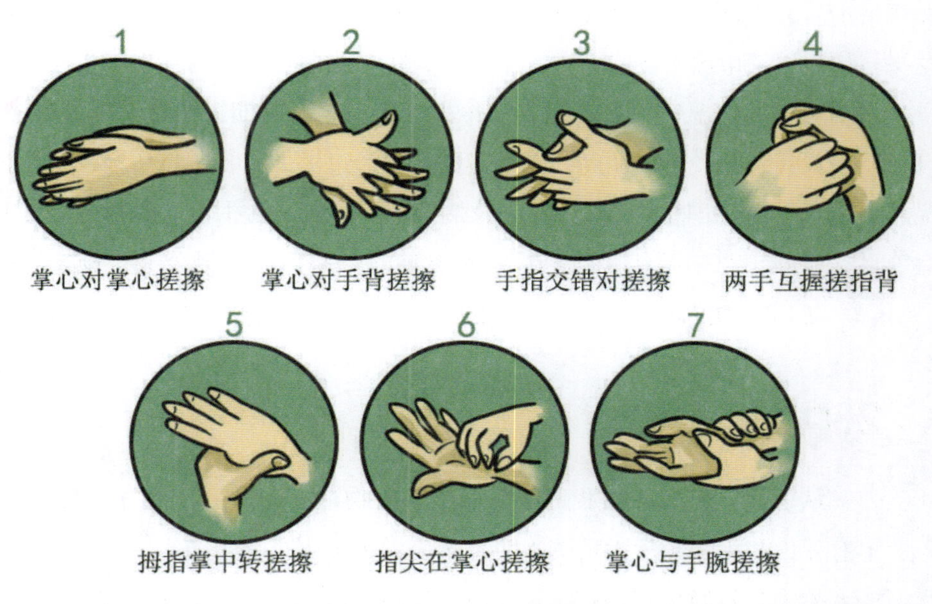

第 1 步，洗手掌。掌心对掌心，手指并拢，相互搓揉。

第 2 步，洗手背。手心对手背，手指交叉，沿指缝相互揉搓，双手交换进行。

第 3 步，洗指缝。掌心对掌心，手指交叉，相互揉搓。

第 4 步，洗指背。一手弯曲呈空拳，放另一手的手心，旋转搓揉。双手交换进行。

第 5 步，洗拇指。一手握住另一只手的大拇指，旋转搓揉。双手交换进行。

第 6 步，洗指尖。一手五指指尖并拢，放在另一只手的手心，旋转搓揉。双手交换进行。

第 7 步，洗手腕。一手握住另一只手的腕部旋转搓揉。双手交换进行。

这 7 个步骤我们可以用口诀“内、外、夹、弓、大、立、腕”来记忆，揉搓双手过后，用流动清水冲洗干净双手。捧起一些水冲洗水龙头后，再关闭水龙头。最后用纸巾擦干或吹干机吹干双手，防止细菌在潮湿的环境中生长。

需要洗手的情况有很多，尤其在传染性疾病高发时期，多多洗手好处多。在新型冠状病毒肺炎流行期间，为了避免病毒通过手的接触进行传播，以下情况应及时洗手：外出归来；戴口罩前及摘口罩后；接触过泪液、鼻涕、痰液和唾液后，咳嗽、打喷嚏用手遮挡后；用餐前和如厕后；接触公共设施或物品（如扶手、门柄、电梯按钮、钱币、快递等）后；接触动物或处理动物粪便后。

2. 口腔卫生很重要

（1）**认识我们的口腔**。我们吃东西时，食物进入的第一个地方就是口腔。口腔里有牙齿和舌头，牙齿负责咀嚼食物，舌头则用来品尝味道。到了小学六年级或者初中，我们会有 28~32 颗牙齿。每颗牙齿的作用都是独一无二的，最中间的门牙先帮我们咬断食物，随后虎牙再把食物撕碎，最后，有力的槽牙把食物磨烂，这样才能更好地吸收食物中的营养。牙齿最外面白色半透明的部分叫牙釉质，是身体里最坚硬的组织；牙釉质里包裹着淡黄色的牙本质，因此，健康的牙齿有时本身也会透着一点黄色；牙本质里有个空腔叫牙髓腔，里面含有牙髓，还有血管和神经。

（2）**龋齿的发生**。牙齿的颜色白白的，看起来好像很干净，其实表面也有不少眼睛看不见的细菌。这些细菌最喜欢的食物是糖，我们吃东西时，它们就会吃掉食物中的糖，产生酸腐蚀牙齿。如果刷牙不认真，时间一长，牙齿上的细菌越来越多，产生的酸就会不断腐蚀牙齿。1~2 年后形成龋洞，就叫龋齿，也就是俗话说的蛀牙、虫牙。如果不及时看医生，龋洞就会越来越深，甚至长到牙齿内部，不仅会给我们带来痛苦，治疗也更困难。

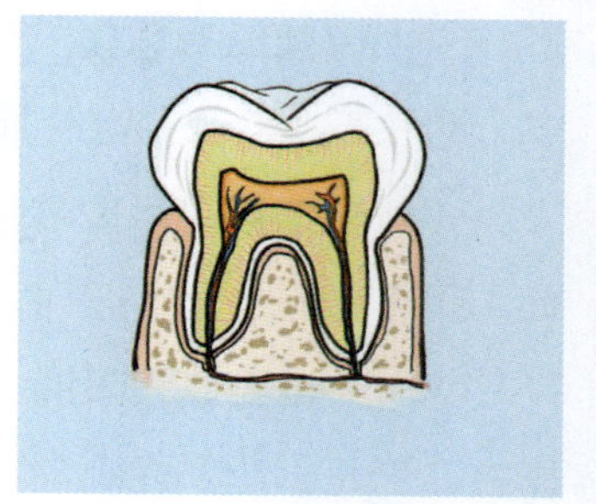

（3）保护牙齿小知识。保护牙齿，首先要学会正确刷牙。巴氏刷牙法能把牙齿刷得干干净净，有效预防龋齿。具体注意事项有：

把刷头放在牙齿根部，稍微倾斜，轻轻用力，使一点点刷毛进入牙龈里面；每次刷2~3颗牙，刷头在牙齿根部轻轻来回拂刷4~6次，然后再刷牙齿表面；刷完后继续刷下一组，注意要有1~2颗牙与上一组重叠；刷上面门牙的内侧时，刷头竖起来，刷毛进入牙缝，自上而下拂刷，刷下面门牙的内侧时，自下而上拂刷；为了保证牙齿能刷干净，每次至少要刷3min，每天早晚都要刷牙。少吃甜食，少喝饮料；定期去医院检查牙齿。只要每天按时刷牙，就能保护牙齿健康、预防龋齿。

3. 保护眼睛，远离危险

眼睛是心灵之窗。它能够通过接受外界的光线刺激并传入大脑，从而引起视觉。而且我们从外界获得的知识和信息中，大部分都是由眼睛通过阅读文字、观看图片等来完成的。所以眼睛对人体的重要性不言而喻。青少年时期，若不注意用眼卫生，容易诱发流行性出血性结膜炎（俗称“红眼病”）、沙眼等传染性眼科疾病。因此注意用眼卫生，是保护和预防眼科疾病的重要方式之一。

（1）不用手揉眼睛。未洗的双手可能藏有几十万个细菌，这些细菌会引起各种眼病。因此，不能用脏手揉眼睛，如果眼睛不舒服，先把手洗干净，然后闭上眼睛，轻轻按一按。如果眼睛内进异物，应闭上眼睛，用泪水将异物冲洗出来。

（2）不乱用眼药水。用眼药水时应该咨询医生，对症使用。

（3）**慎戴隐形眼镜**。使用隐形眼镜，一定程度上会阻碍眼睛直接呼吸氧气，使角膜缺氧，一旦有细菌、病毒侵袭，就容易引发眼部感染。

（4）**连续用眼尽量不超过40min**。一次用眼超过40min，就要通过眺望远处，闭眼的方式及时进行休息，这样眼睛才不容易疲劳和干燥。

（5）**外出要戴太阳镜**。紫外线不但会使眼周皮肤老化，对视力也有一定的影响。因此，在夏天或者去紫外线比较强的海边或高山上时，应配戴太阳镜。

（6）**多吃黄绿色蔬菜**。如胡萝卜、玉米、西兰花等，这些蔬菜含有丰富的叶黄素，能够防止眼睛发生功能性退变。

（7）**多转动眼睛**。多转动眼睛可以起到调节、放松的作用，能有效预防近视。

如果眼睛出现干涩、发红、有灼热或有异物感，眼皮沉重、看东西模糊，甚至出现眼球胀痛或头痛，休息后仍无明显好转，就应尽快去医院寻求医生帮助。

4. 把好清洁呼吸“大门”

鼻腔是呼吸道的入口，是防止细菌入侵的第一道防线。呼吸系统疾病既可以通过飞沫传播，也可以通过鼻腔、口腔、眼睛等黏膜直接或间接接触传播。空气中往往含有大量的粉尘和细菌，鼻腔作为肺的“空调”和“过滤器”，每天不停地呼吸和过滤空气，因此，保持鼻腔环境的干净和通畅，可以降低鼻炎和各种呼吸系统疾病的风险。新型冠状病毒肺炎会通过呼吸道飞沫进行传播，因此在疫情期间保护好鼻腔也是至关重要。为此，我们提出了以下保护鼻腔的建议：

（1）**不要用手指抠鼻孔**。因为用手抠鼻孔，容易把手上的细菌带入鼻腔，细菌在鼻腔中得以生长和繁殖，容易引起鼻腔疾病。而且抠鼻孔还会伤及鼻腔，引起鼻腔出血或感染。

（2）**注意防寒保暖**。鼻黏膜在接触冷空气时，黏膜分泌会减少，容易导致空气中的病菌直接进入肺中，增加呼吸道感染的机会。因此在冬天及寒冷时，应注意鼻部的保暖。

（3）**防止鼻腔干燥**。室内空气的湿润对保护鼻腔极为重要。在室内干燥时，可以通过洒水、拖地的方式调节室内空气的湿度。

（4）**勤戴口罩**。在新型冠状病毒肺炎疫情期间、呼吸道传染病流行季节以及雾霾期间，要及时戴上口罩，防止疾病传播，防止灰尘进入鼻腔。

养成良好的个人卫生习惯，筑好第一道防火墙。个人卫生讲究好，对自身健康非常重要。自己不注意卫生，会成为细菌的传播者，极有可能把疾病传播给家人和周围的人。因此，我们一定要勤洗手，注意眼睛、口、鼻卫生，远离疾病入侵。

第 11 节

温馨、清洁的生活环境

1. 开窗通风不可少

日常生活中，开窗通风，能够使室内外的空气流通，对于改善室内的空气质量和增强人体健康都有重大的意义。首先，开窗通风有利于保持室内空气的新鲜，增加空气的相对湿度。如果我们长期生活在密闭的环境可能会缺氧，从而引起头痛、头昏、心慌、疲乏、血压升高等现象的发生。其次，开窗通风能够增加空气中的负氧离子的浓度，而负氧离子是一种带负电荷的空气微粒，被称为“空气中的维生素”，有利于缓解身心压力，改善心肺功能。最重要的是，开窗通风可以破坏致病因子的生长环境，减少人们患呼吸道疾病的机会。空气不流通、湿度低、光照差的房间适合病菌生长繁殖，增加了甲型肺炎球菌、溶血性链球菌等细菌的传播。世界卫生组织已证明，设计良好、通风良好的房间能有效清除污染空气，降低房间中传染性细菌和病毒的浓度，减少我们感染疾病的机会。在新型冠状病毒肺炎流行期间，专家建议在家需要开窗通风，降低室内可能存在的病毒量，更新室内的空气，减少病毒的传播。

开窗通风的最佳时间点是上午 8~10 时和下午 2~4 时，天气较好时，每

天应至少开窗 3 次，每次开窗时间达 30min 左右。开窗通风需要注意以下时间点：

（1）**起床后**。由于夜间睡觉时室内空气较为封闭，会积累很多二氧化碳，氧气也会变得比较稀薄。我们起床整理被褥时，皮屑、尘螨等污染物会飘浮在空中。所以，每天上午 8 点以后适合开窗，此时温度升高，空气质量相对较好。

（2）**做饭时**。做饭时会产生大量油烟，且食材在高温下会挥发出大量有害物质，刺激鼻、眼、喉黏膜等，从而引发相关疾病。因此在做饭时不仅要打开抽油烟机，还需要开窗通风。做饭后也不要立即关窗，应至少开窗通风 10min，避免油烟留在家中。

（3）**打扫时**。打扫房间时，由于屋内大量的细菌、浮尘都会飘浮在空气中，此时最好戴上口罩并开窗通风，以免吸入细小颗粒物，影响健康。

（4）**洗完澡**。洗澡后，空气湿度大，易产生霉菌。

（5）**睡觉前**。睡觉前30min可以开窗通风15min，能改善室内空气，增加氧含量，也更有利于睡眠。

2. 常规消毒怎么做

消毒是指使用化学方法和物理方法消灭物体上的病原体，是切断传染病传播的重要措施之一。家庭消毒能够阻断病原体的传播，保护家庭成员免受病原体感染，同时可以防止患病家人和健康家人之间发生交叉感染。家中消毒一定要选择合适、安全的消毒剂，常用的消毒剂有含氯消毒剂（如“84”消毒液）、含醇消毒剂（如75%的酒精）。在新冠肺炎流行期间，做好家中的消毒非常重要，新型冠状病毒对热敏感，56℃以上高温30min、乙醚、75%的酒精、含氯消毒剂等都可以有效消灭病毒。因此，在新冠肺炎流行期间，应该及时做好家庭消毒。

家中消毒的原则是，首先要做好经常接触的物体表面的消毒，如门把手、电灯开关、遥控器、手机、桌面等物品表面的消毒。消毒时应先用消毒剂进行擦拭，再用清水擦净，而不能在房间内大面积地喷洒消毒剂。对于家人咳嗽、打喷嚏后的分泌物、纸巾等需要放入专用垃圾袋，并用消毒剂喷洒处理。外出时穿过的衣物也应该及时换洗，必要时应该使用消毒剂浸泡消毒。对于厕所的消毒，需要对表面适量喷洒消毒，消毒后再用大量的自来水冲洗。在用消毒剂进行消毒时，一定要注意，消毒需在无人环境下进行，不能直接往人身上喷消毒剂，以免人体吸入消毒剂引发不适。

家中常用消毒剂的使用注意事项：

（1）“84”消毒液使用的注意事项。①按照说明使用，先稀释，后使用；②不能与洁厕灵等清洁产品共用；③不能与酒精一起使用；④使用时做好自身防护，避免接触皮肤、眼睛、口鼻；⑤使用应在通风良好的区域进行。

（2）75%酒精使用的注意事项：①使用前需要清除周边易燃可燃物、避开明火。电器在消毒前，应先关闭电源；②不能大量地喷洒在空气中及人的身体上，只能局部喷洒或擦拭家中的物品；③家中不宜存放大量的酒精；④存放酒精的容器必须密封；⑤室内使用酒精时，应该保证通风良好。

只有合理地使用消毒剂，才能做到安全消毒，有效防止细菌、病毒的感染。

3. 清洁舒适小贴士

住宅和居室是人们生活、休息的重要场所，也是人们生活的重要物质条件，它与人们的健康密切相关。在新型冠状病毒肺炎的疫情防控中，除了做好个人防护、减少外出外，最重要的就是居家隔离。那么，对于我们每天停留时间最长的家庭环境，应该怎样进行优化呢？

（1）**清洁厨房环境**。厨房卫生的清洁是保障饮食健康的基础，因此需要定期进行厨房卫生的清洁。清洁厨房卫生时，应该使用安全的消毒剂全面擦拭灶台、餐桌、水池。厨具清洗干净放置时需用干净的抹布擦干，防止细菌滋生。锅刷及相关清洁用品都应彻底地用热水洗净并沥干。

（2）**避免垃圾堆放**。家中的生活垃圾要定期清理，否则会有蝇虫滋生，危害人体健康。在新型冠状病毒肺炎期间，要格外注意污染垃圾的处理，尤其是家人用过的口罩、咳嗽和打喷嚏时用过的纸巾应该单独分类，用酒精或含氯消毒液处理后立刻丢入有害垃圾桶内。

（3）**种植绿色植物**。在家中可以选择比较好打理的绿色植物进行种植，如吊兰、绿萝等。不仅能够净化室内空气，吸收室内的有害气体，还能够调节心情、舒缓压力，而且绿色植物也有助于保护视力。

（4）**开辟锻炼空间**。家中可单独开辟出一块锻炼区域，配置瑜伽垫、哑铃等健身设备。生活之余，不用出门就可以进行锻炼。尤其是在新冠肺炎流行期间居家隔离的情况下，适当锻炼可以愉悦心情，提高身体抵抗力，抵御病毒侵袭。

（5）**定期晾晒被褥**。定期晾晒被褥，可以有效地抑制尘螨的繁殖，还可将被褥中的水分、潮气晒干，破坏螨虫、细菌生长的湿润环境，使被褥保持干燥蓬松的状态。除此之外，阳光中的紫外线能够杀细菌和病毒等微生物，对被子具有很明显的消毒、杀菌作用。晾晒被褥的最佳时间是上午 10 时至下午 2 时，且正反两面都要晒，晾晒期间还可以轻轻拍打，以更好地除去尘螨。

（6）**注意马桶清洁**。在上完厕所后，应该盖上马桶盖再进行冲水。并且每天用含氯消毒液清洁厕所 1 次，尤其要注意清洁坐便器、冲水按钮等高频接触的地方。

（7）**按时开窗通风**。开窗通风有利于改善室内空气质量，增强人体健康。在新冠肺炎流行期间，空气消毒首选的是通风。专家建议在具备通风的条件下，需要经常开窗通风，每次做到 30min 以上。

家庭卫生与我们的身心健康息息相关，良好的卫生环境不仅能够愉悦心情，还能够保障我们的身体健康。因此，我们居家时，尤其是在新冠肺炎流行期间，一定要做好家中的消毒，按时开窗通风，优化居家环境。

第 12 节

公共场所的卫生与健康

1. 如何正确处理垃圾

在我们日常生活中会产生各种各样的垃圾，这些垃圾数量大、种类繁多，还会影响公共场所的卫生，影响我们的生活环境，而且有些垃圾处理不正确还会导致疾病的传播扩散。大量的垃圾占据了土地资源，污染了自然环境，威胁到人类健康。我们需要正确处理垃圾，促进垃圾回收利用，减少垃圾的排放量。

对于同学们来说，除了在日常生活中减少垃圾的产生外，还可以将垃圾正确分类，通过分类投放、分类收集，把有用物质，如纸张、塑料、橡胶、玻璃、瓶罐、金属以及废旧家用电器等从垃圾中分离出来单独投放，重新回收、利用，变废为宝。自 2019 年 9 月 1 日起，西安市施行的《西安市生活垃圾分类管理办法》要求进行四垃圾分类。这 4 类垃圾的分类及处理注意事项如下：

第 1 类是可回收垃圾，包括废纸、金属、玻璃、塑料等。在处理这类垃圾时，要注意纸类应尽量叠放整齐，避免揉团，纸板也应拆开叠放。玻璃类物品应小心轻放，以免割伤破损，最好是用袋装或者用容器装好后投放。第 2 类是厨余垃圾，包括剩饭菜、瓜果皮核、蛋壳、茶渣、鱼骨头等。厨余垃圾水分多，易腐烂变质，散发臭气，所以厨余垃圾投放时要沥干水分，投放到专用的垃圾袋中，扎紧袋口。垃圾桶应盖好盖，以免污染周围环境。第 3 类是有害垃圾，包括废电池、废灯泡、废水银温度计、过期药品、过期指甲油、废杀虫剂等。对待这些垃圾，我们的处理过程一定要慎之又慎。比如废弃的荧光灯管灯泡投放时要打包固定，防止灯管灯泡破损后致使有害的汞蒸气挥发到环境中。第 4 类是其他垃圾，是指除上面 3 类垃圾以外的垃圾，常见的有废弃卫生纸、大棒骨、碎陶瓷、瓦片等。这类垃圾一般采取填埋、焚烧、卫生分解等方法处理，部分还可以使用生物分解的方法解决。

上面提到的是日常普通垃圾的处理，那么在特殊疫情期间，如在新冠肺炎流行期间，因为防护所产生的可能沾染了病菌的垃圾要如何处理呢？在医院时，这些垃圾可直接丢入医疗垃圾桶。日常生活中，由于社区没有医疗垃圾桶，同学们可用消毒剂对垃圾消毒或密封后扔进垃圾桶或社区指定地点。同时要加强对垃圾桶及其周边环境的清洁和定期消毒。

2. 如何安全乘坐电梯

目前，我国的电梯使用广泛，给人们生活带来很大便利，但同时也存在一些安全隐患。在疫情期间，如新冠肺炎流行时，电梯由于其环境密闭、通风条件差以及空间狭小等原因使病毒容易快速传播，看上去空无一人的电梯中也可能充满了病毒。下面将分别介绍同学们在搭乘电梯时日常的注意事项以及疫情期间的注意事项。

1）日常乘坐电梯的注意事项

①在火灾或地震发生时，要注意一定不能乘坐电梯，否则很可能因为停电或者电梯变形而困于电梯中。

②乘坐电梯时注意不能超载，在电梯报警时，要主动退出等下一趟电梯，电梯超载容易造成危险。

③搭乘电梯时不要倚靠电梯门，不要随意按紧急按钮，开关门时也不要站

在门边。

④搭乘电梯时禁止在电梯内嬉笑打闹或跳动，进出电梯时不要拥挤，以防造成危险。

⑤在电梯门快要关闭时不要试图用手或身体任意部分阻止关门，也不能强冲进电梯，这样容易受到伤害。

⑥保持电梯内清洁，不要在电梯内乱扔垃圾或吸烟。

⑦搭乘电梯遇到故障或停电时，同学们要保持镇静，使用电梯内的报警装置报警后等待救援，不可强行撬门，避免二次事故。在电梯下坠时可把电梯每层按键按下，并选择不靠门的角落膝盖微屈呈半蹲姿势等来加大缓冲，减小伤害。

2）疫情时期搭乘电梯的注意事项

①疫情期间同学们要注意，尽量不乘或少搭乘电梯。

②搭乘电梯时应分流，避免电梯太拥挤，拥挤时可自觉等待下一趟电梯。

③搭乘电梯全程都应该配戴口罩，错开站立且避免面对面；尽量不在电梯内大声谈笑说话；咳嗽或打喷嚏时遵守咳嗽礼仪，注意用纸巾或是弯曲手肘遮挡口鼻。

④在乘坐电梯时如果发现有人咳嗽或发热时，尽量避免同乘和近距离接触。

⑤避免直接用手接触电梯内的任何物体，在按键时可垫纸巾等，避免直接接触，并及时将纸巾扔至垃圾桶。用手触碰电梯内的物体之后，用消毒剂去消毒双手，做好手卫生。身体也应注意不要碰到电梯厢体。

⑥搭乘电梯后应立即洗手，如果不能及时洗手可用免洗手消毒剂或是湿巾纸擦拭双手，并且在洗手之前应当注意不要用手去碰口、鼻、眼以及公共物品。

3. 随地乱吐危害大

随地乱吐不仅是不文明的行为，还会影响公共卫生。随地吐瓜子皮、口

香糖、痰等不仅污染环境，也会增加病菌传播的风险。

口香糖的黏性很大，吐到地上清理需要很长的时间，若是吐到其他位置如座椅，粘到人身上更会带来不适。因此，口香糖嚼过后要用纸包好，然后扔到垃圾桶，不要随地乱吐或乱扔。

随地吐痰更是应该杜绝的。痰是呼吸道的分泌物，健康的人一般没有痰，而当人呼吸道有炎症病变，受致病菌感染后，会产生痰液。患者所吐的痰就相当于一个病菌的培养基，其中会有成千上万的病菌，许多疾病如新冠肺炎、非典型肺炎、肺结核、流感等都能通过痰液传播。当有人随地吐痰后，如新型冠状病毒、结核杆菌等在体外仍可存活一定时间，会增加其他人吸入致病菌的机会，从而感染上疾病。杜绝随地吐痰不仅是自身良好素质的体现，也是对他人健康的保护。当然如果痰液留在呼吸道不及时吐出也会影响自身健康，成为病菌繁殖的温床，也会影响人的呼吸，并可能导致其他疾病的发生。所以当感到有痰时要及时吐出，但要将其吐在纸上并包好然后扔到垃圾桶中，绝对不可随地吐痰。

第 13 节

特殊时期 特殊防护

1. 为什么要戴口罩

（1）防止病菌传染。口罩既可以阻拦外界的病菌感染，防止配戴者吸入含有病毒的飞沫，也可以在患病时阻拦飞沫，防止自身影响到其他人。在疫情流行期间，如新冠肺炎流行时期，合适的口罩是预防感染的一道简单而又相当重要的防线。在食品生产车间同样可以看到工人配戴口罩，以防自身的病菌沾染食物。

（2）阻止灰尘或花粉进入人体。例如在高尘环境中工作的人员通过配戴口罩来减少粉尘的吸入。面对雾霾天气，为了减轻 PM2.5 对身体的影响，大家也会配戴符合标准的防护口罩，以减少有害物质吸入。另外，对花粉过敏的人，在易感季节出门时，也应配戴口罩预防过敏。

（3）保暖。有些人抵抗力差，稍吸入冷风可能就会着凉感冒，这类人可以选择配戴口罩。但是要注意，口罩防寒但也不能长时间配戴，否则会使鼻黏膜变脆弱，降低鼻腔本身的抵抗力。

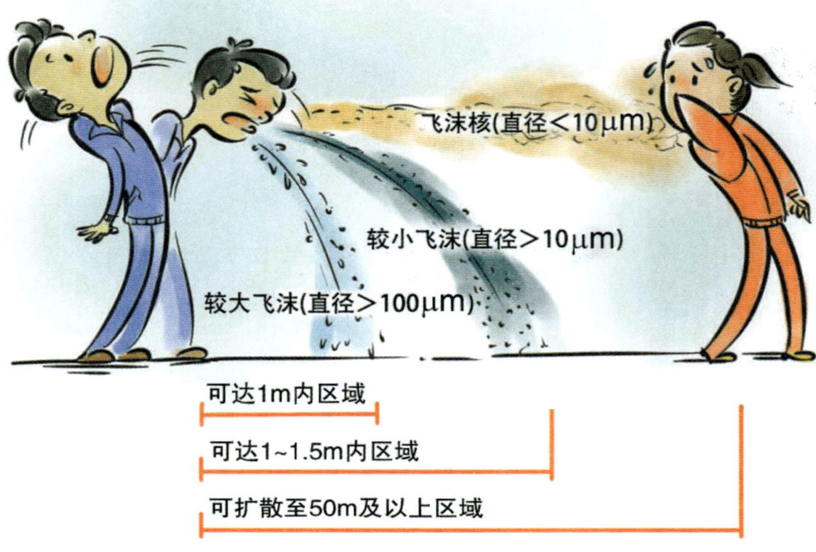

2. 什么样的口罩才管用

市场上的口罩种类繁多、作用不一，我们要根据自己的实际需要合理挑选。

（1）**棉纱口罩**。材料不够致密，过滤的效果最差，但是有良好的保暖效果和舒适性，在日常为了抵挡冷风时可以选择。

（2）**一次性口罩**。材料主要是无纺布，不能清洗，常见的有一次性使用医用口罩以及医用外科口罩。一次性使用医用口罩名称比较多，一般没有标注“防护”或“外科”等字样，且不要求对血液有阻隔作用，也没有明确的过滤效率标准，可用于阻挡花粉、飞絮等较大的颗粒物。医用外科口罩比一次性使用医用口罩过滤效果要好，它有 3 层结构，外层阻水，中层过滤，内层吸湿，可以阻挡血液、体液等，且过滤效率要求不低于 95%（注意，它并不等同于 N95）。但因其多是长方形，和面部的贴合严密性不如防护口罩。

（3）**防护口罩**。常见的有 KN95/N95 及以上颗粒物防护口罩和医用防护口罩，它们对非油性颗粒的过滤效率要求大于95%，并且都有良好的面部贴合性，但是透气性和吸湿性相对前2种较差。医用防护口罩因为用于临床，所以还要求有阻隔血液、体液等能力，对呼吸的负担更重。在KN95/N95型口罩中有部分是有呼吸阀的，它可以改善口罩呼吸困难的情况，但是不适用于病毒携带者配戴，因为呼吸阀会将未经过滤的气体排出，影响他人健康。

那么在疫情期间，如新冠肺炎流行期，应该如何挑选口罩呢？参照国家卫生健康委发布的《预防新型冠状病毒感染的肺炎口罩使用指南》，一次性使用医用口罩、医用外科口罩、KN95/N95及以上颗粒物防护口罩和医用防护口罩等均可以不同程度阻挡飞沫，从而预防感染。棉纱口罩等因其材质不够致密，起不到预防病毒感染的作用。因此我们建议：

（1）一般人群：建议使用医用外科口罩，有条件且身体状况允许的情况下，可配戴医用防护口罩。

（2）特殊人群：可能接触疑似或确诊病例的高危人群，原则上建议配戴医用防护口罩（N95及以上级别），并配戴护目镜。

（3）在非疫区空旷且通风场所不需要配戴口罩，进入人员密集或密闭公共场所需要配戴口罩。在疫情高发地区，空旷且通风场所建议配戴一次性使用医用口罩，进入人员密集或密闭公共场所要配戴医用外科口罩或颗粒物防护口罩。

（4）有疑似症状到医院就诊时，需配戴不含呼吸阀的颗粒物防护口罩或医用防护口罩。

对于学生来说，在疫情期间不一定非要配戴KN95/N95型口罩，一般的公共场合配戴医用外科口罩就可以满足需要；但如果要去有可能接触到患者的人员高度密集场所或密闭的公共场所则需要配戴KN95/N95型口罩；在家中或到空旷通风好、人员稀少的场所等可不配戴口罩。

3. 如何正确配戴口罩

在选到了合适的口罩之后还应当注意如何科学地配戴口罩，口罩的配戴方式不正确，其防护效果会大打折扣，所以要清楚口罩的正确配戴方法以及相关的注意事项。

1）口罩的配戴方法

先洗手；口罩的深色面朝外，鼻夹侧朝上；两侧护绳挂于耳根后；拉开皱褶，使口罩可以包住口鼻及下颌；调整鼻夹，两手向内压鼻夹，使其贴合，并向两侧移动；检查调整口罩的面部贴合性，使其不漏气。

2）口罩配戴的注意事项

①在口罩配戴前后都要先用消毒剂或肥皂洗手，保持双手清洁。

②戴口罩前要分清口罩的正反面，医用外科口罩一般深色面为外面。

③口罩使用时一定要保证鼻夹完全贴合鼻梁，保证口罩贴合面部，如果口罩和面部有缝隙的话，会大大降低口罩的过滤效果。

④戴多层口罩意义并不大，不能使效果叠加，反而会增加呼吸负担，同时浪费资源。

⑤医用防护口罩既不可以清洗，也不能用消毒剂、高温蒸煮等消毒，否则会使口罩的过滤效果下降，甚至完全丧失。

⑥口罩的保存：重复使用的口罩可悬挂在洁净干燥的通风处或者放于清洁透气的纸袋中。口罩应单独存放并做上标记，避免相互接触或混用，保证单人单用，防止交叉感染。

⑦口罩的更换：口罩一般都有它的使用期限，如医用外科口罩一般 4h 更换一次。但在特殊时期如新型冠状病毒感染的肺炎流行期间，为节约资源，在保障健康的前提下，可以适当地延长口罩使用的时间和次数。但是在口罩发生变形损坏或者有脏污异味时，一定要及时更换。

⑧废弃口罩的处理：在医疗机构时，可将用过的口罩直接投入医疗废物垃圾桶，等待专业处理机构集中处理；在平时，普通人用过的口罩由于风险较低可直接丢入垃圾桶；对于疑似患病者或确诊的患者用过的口罩不应随便丢弃，应当按照医疗垃圾的处理方式进行处理；对于存在发热、咳嗽、打喷嚏等症状的人或者接触者，口罩应该用消毒剂消毒后再丢入垃圾桶。

第 14 节

特殊时期的外出指南

1. 减少外出，主动隔离

疫情时期，如新冠肺炎流行期间，为了防控疫情，减少疫情扩散，应当减少外出。新冠肺炎的潜伏期一般为 3~7 天，最长可达 24 天，且在潜伏期有传染性。在疫情严重时期健康人外出很容易受到病毒感染，而且处于潜伏期的患者外出会使得病毒扩散。出门的次数越多、越频繁，被感染的机会就会越大。所有人减少外出，停止与其他人员接触，便可以控制疫情的扩散势头，这不仅是保护自己，也是保护其他人，是在为疫情防控做贡献。

（1）尽量减少外出活动。避免去传染病流行地区。建议疾病流行期间减少走亲访友和聚餐，尽量在家休息。减少到人员密集的公共场所活动，尤其是空气流动性差的地方，如公共浴池、温泉、影院、网吧、KTV、商场、车站、机场、码头、展览馆等。

（2）做好个人防护和手卫生。必须外出时，需合理安排出行时间，错峰出行，并按照要求配戴口罩。外出前往公共场所、就医和乘坐公共交通工具时，配戴医用外科口罩或 N95 口罩。未接触过疑似或确诊患者且外观完好、无异

味或脏污的口罩，回家后可放置于居室通风干燥处，以备下次使用。需要丢弃的口罩，按照生活垃圾分类的要求处理。随时保持手卫生。尽量避免接触公共场所的公用物品。从公共场所返回、咳嗽手捂之后、饭前便后，用洗手液或肥皂、流水洗手，或者使用含酒精成分的免洗洗手液清洁手部；不确定手是否清洁时，避免用手接触口鼻眼；打喷嚏或咳嗽时，用手肘衣服遮住口鼻。

（3）**做好居家医学观察**。对新冠肺炎病例的密切接触者，应当采取居家隔离医学观察。医学观察期限为自最后一次与病例、感染者发生无有效防护的接触后 14 天。居家隔离人员在观察期要相对独立居住；做好清洁消毒和体温测定，每日至少 2 次；谢绝其他人探访；尽量减少与家人的密切接触，不得与家属共用任何可能导致间接接触感染的物品，包括牙刷、香烟、餐具、食物、饮料、毛巾、衣物及床上用品等。

（4）**做好健康监测与就医**。主动做好个人与家庭成员的健康监测，自觉发热时要主动测量体温，严重时及时就医。

（5）**加强运动**。需要注意的是，在同学们减少外出期间不应当因此减少运动，因为减少运动会使得身体免疫力降低，从而增加患病风险。但同时运动也应适量，中等强度的运动有益健康（中等强度运动一般指在运动中能出汗，微微气喘），而久坐不动或过度的运动均对健康有害，可能导致免疫力下降，增加感染风险。推荐可通过每天进行 30min 的中等强度运动来增强自身免疫力，帮助抵御病毒的侵袭。

2. 乘坐公共交通工具时的防护

在疫情时期虽然建议少出门，但是必须要出门时，同学们要知晓乘坐公共交通工具时的注意事项。因为公共交通工具有着人流量大、环境相较封闭、人员复杂等特点，所以除工作人员加强消毒和通风换气等操作外，我们也需要做好相应的防护措施来防止疫情传播扩散。以新冠肺炎流行期间如何乘坐公共交通工具为例，从乘车前、乘车时和回家后 3 方面进行介绍。

1）乘坐公共交通工具前

①疫情时期，同学们乘坐火车、高铁等返程时，应尽可能延迟返程时间，若近距离出门可选择骑行等。但出现发热等症状时要居家观察，避免外出。

②做好防护和物品准备。准备出行前，尤其是行程较长时要准备好免洗洗手液、消毒湿巾或肥皂及口罩（推荐准备 3 个及以上，以防碰到突发事件或需更换）。

③长途出行可提前准备好多个塑料袋，用于途中密封污染物。

2）乘坐公共交通工具时

①合理安排行程，注意配戴口罩。积极配合工作人员，做好体温测量。缩短候车室停留时间，到达目的地后尽快离开车站。

②出行条件允许时，尽量隔位就座，和其他人保持 1m 以上的距离。

③在途中应尽量避免吃喝，若因长途需要进食等，要与其他人保持安全距离，且进食前一定要先清洁双手，不用手直接触碰食物，尽快吃完，并重新戴好口罩。

④注意手卫生，乘车时要少碰车内设施，在怀疑手被污染后，要尽快用消毒剂或肥皂正确洗手。不用手触碰嘴巴、鼻子和眼睛等部位。

⑤在乘车时要避免大声说笑，不要来回走动，注意咳嗽礼节。若发现有人咳嗽或打喷嚏而且没有口罩时，可保持安全距离并及时告知乘务人员。

3）回家后

①用过的口罩上沾满了细菌、病毒等有害物质，因此不随意丢弃。摘口罩时不要碰口罩外表面，将口罩丢弃于垃圾袋中，用浓度为 75% 的酒精进行喷洒，再将垃圾袋密封好，随后丢弃到指定垃圾桶进行处理。

②外出时暴露的钥匙、手机及其他从外面带回来的物品，要用浓度为 75% 的酒精对表面进行消毒，再用干净的纸巾擦干。

③如果去过医院，回家要对衣物进行换洗、消毒；如果去的都是空旷人少的地方，回家把外套挂在门外或者阳台等通风处晾晒即可。

④外出回来后要对手进行清洁。要注意的是，有效清洁双手，必须搓手最少 20s，并确保在使用洗手液的时候要对手掌、手腕、手指尖进行全面的擦拭。

⑤如果是长途返程，回家后建议居家观察几天，若有相关症状，如发热并伴随呼吸困难时，要及时就医。同时应记录自己的行程，在有不适症状时主动上报。

第 15 节

“萌宠”玩耍有边界 动物伤害要小心

1. 如何预防动物伤害

在日常生活中，我们经常会遇到许多小动物，而动物的咬伤、蜇伤都可能会对人体健康造成严重危害，甚至会危及生命安全。动物咬伤在全世界带来了严重的公共卫生问题，例如遭到猫、狗、家畜等动物咬伤后，存在极大的患狂犬病的风险。世界卫生组织报道，每年因狗咬伤造成受伤的人达数千万，其中儿童面临的风险最高。而动物咬伤的后果与该动物的类型和健康状况、被咬伤者的健康状况以及是否能够获得正确的、及时的医疗救治等因素有关。因此，我们应该加大对动物咬伤的预防以及救治的重视程度。同学们可从以下几个方面进行预防：

（1）在与动物玩耍的过程中，要与动物保持一定的安全距离，尽量远离有攻击性的动物。动物在吃东西、睡觉的时候不要去触摸，不要故意在动物面前发出声音进行挑衅，不要故意拿走动物的食物，不要抓着动物玩耍，不要亲吻动物。

（2）在草地、野外等蚊虫、蜂、蝎、蛇较多的地方时，应该穿长衣长裤，避免被咬伤。

（3）发现蜂类从身边飞过时，最好站立不动，保持镇静，观察现场环境（切勿硬闯、绕路而行），或让它自行飞去，不能用手拍打。

（4）当遇到危险的狗时，应该保持冷静。不要跑，不要直视或盯着狗，不要尖叫，不要试图攻击，如果跌倒或被击倒在地，应立即双手抱头，保护脸部。由于面部的血管和神经离大脑更近，如果被咬或者被蜇则更容易使毒素进入大脑，增加危险，因此应当尽量避免面部受伤。

（5）在户外遇到蛇时，如果蛇不主动攻击，应该步伐轻盈，不要惊扰蛇，绕道而行，一定不要试图用手抓蛇。

（6）家庭饲养宠物时，应该定期检查，给宠物接种疫苗，去除寄生虫，还应该做好动物的清洁工作。

（7）要保护和尊重动物。不能虐待生病和受伤的动物，不能故意攻击动物。

2. 科学处理动物伤害

外出游玩时以及与宠物玩耍时，有时即使很小心，也难免会被动物咬伤。咬伤后一定要沉着冷静，采取正确的急救措施，这样才能最大限度地避免对健康造成损害。不同的动物，咬伤特点不同，需要采取的措施也不同，同学们应该注意分辨。

被猫、狗等动物咬伤时，应该立即采取如下措施：

（1）尽快清洗伤口，减少感染。如果是小伤口，立即用清水或肥皂水彻底冲洗，冲洗时间不能小于 20min，把沾染在伤口上的血液和动物的唾液清洗干净。如果伤口较大，软组织损伤严重，则不宜过度冲洗，防止引发大出血。

（2）挤压伤口。如果伤口在能挤的地方，应该边冲洗边往伤口外挤，防止病毒进入人体。

（3）尽快消毒，冲洗后应该尽快用酒精或者碘酒在伤口内外进行消毒，而且消毒后伤口不宜包扎。

（4）简单处理后，应立刻将被咬伤者尽快送到医院注射狂犬病疫苗，并酌情注射破伤风抗毒素，时间最好不要超过 24h。

在被猫、狗咬伤后，狂犬病疫苗的接种至关重要。因为狂犬病是一种致死性疾病，可防不可治，在被不明健康状况的猫、狗咬伤后，接种狂犬病疫苗，可以有效地预防狂犬病的发生。接种狂犬病疫苗无任何禁忌，但是医生接种前需要详细询问个体的情况（有无严重的过敏史、有无其他严重疾病）。即使存在不适合接种的情况，也应该在严密监护下接种疫苗。目前有“5 针法”和“4 针法”2 类疫苗，两者在效果和不良反应方面没有特别的不同。“5 针法”的接种时间：暴露当天、暴露后的第 3 天、7 天、14 天、28 天各接种 1 针，共 5 针。“2-1-1”程序：暴露当天接种 2 针（左右上臂三角肌各接种 1 针），暴露后第 7 天和第 21 天各接种 1 针，共接种 4 针。接种过程中有如下注意事项：

（1）尽量在同一家机构完成疫苗的接种，且严格按照接种时间进行接种。

（2）尽量不要自己保管疫苗，也不要自己携带疫苗去异地接种。

（3）如果无法在同一机构进行接种，尽量使用同一种疫苗。

（4）一定要完成疫苗接种全程，如果无法使用同一疫苗完成，也应该更换疫苗，完成全程接种。

（5）如果不能按时接种，也可延迟 1 天或几天接种，其后续的接种时间按照原免疫程序的时间间隔继续顺延。

狂犬病疫苗的安全性整体比较好，主要是局部红肿、硬结等轻微不良反应，少数人会出现一过性发热等全身症状，严重的不良反应罕见。接种后应该注意休息、注意保暖，出现不良反应应及时去医院就诊。

被蜂或蝎子蜇伤，应该采取如下措施：

（1）如果有刺残留在患者皮肤内，用镊子把刺拔出来。

（2）立即用手挤出患者被蜇伤处的毒液，也可以用吸乳器或拔火罐吸出毒液。

（3）用肥皂水充分清洗患者伤处。

（4）冷敷患者伤口，以延缓毒液吸收，减轻肿胀和疼痛。

（5）如果患者病情严重，尽快送到医院救治。

被蛇咬伤，应该采取如下措施：

（1）保持镇静，记下蛇的形态、颜色，以便给医务人员进行描述。

（2）早期结扎，用绳子、布带等，在伤口上方适当位置结扎，不要太紧也不要太松。结扎应当迅速，尽量在 2~5min 内完成。

（3）结扎伤口后，用清水、消毒水尽快冲洗伤口。

（4）尽快将患者送往医院进行救治，注射抗毒血清制剂等。

第 16 节

科学文明就医

1. 讲科学，及时就医

古人云：“治疾及其未笃，除患贵其未深。”也就是说，人一旦发现有病就要及时治疗，若拖延时日，等病变转移，病入膏肓的时候就难以治疗了，即“有疾不察而致病，有病不医而致死”。因此，我们要做到定期进行健康体检，早发现、早诊断、早治疗疾病。

身体警报勿大意，及时就医是关键。我们常常习惯性地忽视身体发出的许多危险小信号或所谓的“小病”，没有及时就医，最终可能导致生病或病情加重，最终一发不可收拾。若发热不及时退热可能会导致大脑损伤，甚至影响智力；手足口病、新冠肺炎等传染病不及时治疗可能会发展成重症，甚至危及生命，且传染给更多的人；鼻窦炎不及时治疗可能会引起很严重的其他疾病，如高热、中耳炎、脑膜炎、失明等，甚至有生命危险；我们长的第一组牙（乳牙）发生龋齿不治疗的话，可能会引发更严重的牙齿问题。这些不及时就医的例子最终结果往往是病情耽误，不仅增加疾病痛苦和医疗费用，更甚者会危及生命。这足以证明生病时及时就医的重要性，因此，当我们的身体给出一些危险信号，如时常失眠或睡眠质量不佳、睡觉时打呼噜、长期出汗、刷牙出血、原因不明的疼痛、皮肤莫名地出现出血斑点或淤青等，这时候我们必须提高警惕，及时到医院就诊，树立生病及时就医、科学就医的风尚。

我们要做好自己健康的第一责任人，重视身体发出的危险信号，也就是及时就医的警报，将及时就医牢记在心。定期健康体检，做好疾病预防，努力将疾病消灭在萌芽状态。

2. 讲文明，尊医遵医

尊重医生就是尊重生命。患者与医生从来不是站在对立面，患者与医生要相互理解、相互尊重、相互关爱。患者的尊重与理解，是医生前行道路上最大的动力。尊医遵医是一种文明，有尊医之心才会遵医。遵医行为就是要按照医嘱来约束自己的行为，从而达到恢复或保持健康、提高生活质量的目的。

那么怎样能提高我们的遵医行为呢？一是和医生互相尊重，互相信任，达到心理上的满足愉悦。二是努力学习科学文化知识，逐步树立科学就医的观念。三是和医生保持良好的沟通，看病的时候不能夸大或隐瞒病情，尽量如实、准确、全面地向医生说明与疾病相关的问题。四是看病时带上以前就诊的病历和相关检查资料，这有助于医生的诊断，避免重复检查，可以节省时间和费用。五是必要时可以将医嘱用纸笔记下来，以免忘记。这些都有助于医生掌握病情，快速、准确地做出诊断，提出有效的治疗方案，治疗效果越好，则越会提高患者对医嘱的执行力。

在特殊时期，如新冠肺炎流行期间，尊医遵医，不隐瞒、不谎报病情尤为重要。在疫情防控期间，多地报道有患者故意或恶意隐瞒接触史或病情，导致多人在未加防护的情况下与其密切接触，这既是对自己不负责任，更是对他人和社会不负责任，于情于理不通、于法于规不容，他们必将受到法律的严惩。在这特殊时期，我们每个人都应自律有担当、意志坚强、有责任感，做到不隐瞒、不谎报病情，严格遵从医嘱，共同抗击疫情。

3. 特殊时期的就诊

在疫情流行暴发的特殊时期，医院人满为患，感染风险无处不在，若我们此时出现身体不适，该如何安全就诊、保护自己呢？我们就以新冠肺炎为例来做以证明。在疫情流行区域，为了减少与其他病人之间发生交叉感染的机会，防止疫情进一步扩散蔓延，原则上应尽可能不去或少去医院，尽量延缓就医。在疫情期间，为解决大家看病就医的实际需求，引导人们正确就医，各地开设了很多网上问诊平台，我们可以充分利用，解决实际问题，避免外出就医。

新冠肺炎发生在春节前后，这一特殊时期也是容易发生普通感冒和流行性感冒的季节，当同学们出现发热、咳嗽、流涕等这些表现，不要慌张，要学会简单鉴别这 3 种疾病，做出正确选择，以免盲目外出就医发生交叉感染。如果你没有去过疫区、没有接触过患者或高度疑似的感染者，可先居家治疗，并持续监测体温。若出现体温持续不退，咳嗽加重，呼吸困难，面色、口唇呈青紫色，精神状态差，反应速度下降等任一情况，则需就近到医院就诊，进行检查和治疗。若你近 2 周内外出过，或是接触过新冠肺炎患者或感染者，或是周围出现聚集性发病，则需提高警惕，及时去发热门诊就诊，并如实告知医务人员患病情况及就医过程，尤其是近期的旅行史和接触史等。如果你去过疫区，或是接触过患者或者感染者，但没有出现身体不适，请主动在家隔离 14 天，14 天后无症状即可解除隔离。

若必须前往医院就诊，须牢记以下几点注意事项：

（1）可提前预约准备，事先了解欲就诊医院的基本情况和科室的布局及看病流程，尽量避免在人多的时候去医院，减少在医院的停留时间。

（2）去医院只做必需的、急需的检查和治疗，减少就诊治疗的时间。

（3）尽量避开急诊和发热门诊。

（4）做好个人防护措施，选择合适的口罩戴好，接触公共场所设施后及时洗手，保持双手清洁，不要用手接触眼睛、鼻子和嘴。

（5）尽量避免搭乘公共交通工具前往医院。

（6）人与人之间保持安全距离（1m 及以上）。

（7）咳嗽或打喷嚏时遮住口鼻，不随地吐痰，容纳鼻涕、痰液及擦拭的纸巾及使用后的口罩不能随意丢弃。

（8）回家后，立即更换衣物并清洗消毒，认真洗手。

第 17 节

安全用药我知道

1. 安全用药小常识

家中备置常用药品已成为很多人的习惯，所以安全用药应引起大家重视。安全用药就是根据个人的、病情、体质、家族遗传病史和药物的成分等做全面的检测，准确地选择药物、真正做到对症下药，同时以适当的方法、适当的剂量在适当的时间准确用药。

（1）**处方药与非处方药**。处方药，是指有处方权的医生所开具出来的处方，并由此从医院或药房购买的药物。这种药通常都具有一定的毒性及其他潜在的影响，用药方法和时间都有特殊要求，必须在医生指导下使用。非处方药，是指患者可以根据药品说明书自选、自购、自用的药物。这类药毒副作用较少、较轻，而且也容易察觉，不会引起耐药性、成瘾性，与其他药物相互作用也小，疗效肯定。

（2）**注意药品保质期**。禁止使用过期或变质的药品，同时，药品开封后，应注意防潮，储存在相对干燥的地方。

（3）**读懂药品说明书**。仔细阅读药品说明书，了解药物的适应证、服用

剂量及频率、服用禁忌、饮食禁忌、对症人群以及可能产生的不良反应。

（4）**服药要用温开水**。不论中、西药品，最好是用温开水服用，不宜喝茶、咖啡、牛奶或果汁等，因为这些饮品中的某些成分会与药品中的成分结合或反应，产生沉淀物，影响药品的吸收。

（5）**调整饮食习惯**。服药期间，应根据医生的指导适当调整饮食，不同的疾病对饮食的要求不同。

（6）**有些药品不能掰开吃**。比如常用药品肠溶片，该药外有肠溶衣保护，如果掰开服用，会使药片刚进胃部就被溶解，无法安全抵达肠道。掰开吃药不仅会破坏药物的原有效果，影响药物正常发挥药效，还会刺激胃黏膜。

（7）**抗生素不能滥用**。感冒发热时不要随意使用抗菌药物，不是所有的发热都是由细菌感染引起的；服用抗生素必须按照医生处方，按时定量，切忌时断时续服用；凡是口服药可以收到效果的就不要注射，能够肌肉注射的就不进行静脉注射。

（8）**注意维生素 C**。维生素 C 本身就是药物，如果与某些药物同时服用，如阿司匹林、叶酸、碱性药物等，不仅会影响其他药物的吸收利用，其功效也可能受到影响。另外，服用维生素C时不能大量食用虾、猪肝、牛奶、奶酪、海鲜、鸡蛋、牛奶、动物内脏等食物。

（9）**保健品不能代替药品**。一般市面上的保健品都宣称有一定的功效，适用于特定的人群，但实际上其作用是调节生理功能，可以用来辅助治疗，单独使用时作用不大。

2. 出现不良反应时该怎么办

任何药物都有两重性，既可“治病”又可“致病”，“治病”是指药物的疗效，而“致病”则是指药物不良反应。药物不良反应，是指正常剂量的药物在用于预防、诊断、治疗疾病时出现的有害的和与用药目的无关的反应，也就是说，药品在正常用法、用量情况下出现的与用药目的无关的有害反应。常见的药物不良反应有药物的副作用、药物过敏、毒性反应、后遗效应等，不良反应严重时可能致癌、致畸、致突变等。

1）如果发生不良反应，该怎么做呢？

①**副作用**：有些药物的副作用可以预知，但难以避免。比如用于治疗胃肠道痉挛的药物阿托品，常有口干、便秘等副作用。对于这类副作用的处理方法是：若不良反应较轻，并且连续服用后减轻或消失，那么这类药物可以坚持服用，不必惊慌，可继续服用至疗程结束；当出现反应强烈的不良反应时，应当立刻停药，马上去医院就诊。

②**药物过敏**：是指服用药物后发生的不正常的免疫反应。这类不良反应的主要表现为皮疹、哮喘、过敏性休克等。发生这类不良反应时，要注意马上停药，并立刻去医院诊治，不要自行处理，以免耽误治疗。

③**毒性反应**：是指药物剂量过大或蓄积过多时机体发生的危害性反应，如有些药物会出现心脏毒性、耳毒性等。此外，有些药物具有致畸胎、致癌、致突变等特殊形式的药物毒性。对于这类不良反应，要注意服用前认真阅读药品

说明书，严格遵医嘱或按量服药，一旦发生毒性反应要立刻就医。

④后遗效应：是指停止服用药物后残存的药理效应。这类后遗效应可能非常短暂，比如服用巴比妥类催眠药后第2天早晨还会出现嗜睡乏力等现象，也可能比较持久，比如链霉素停药后造成的神经性耳聋便是永久性的后遗效应。对于这类不良反应，要认真阅读药品说明书，严格遵医嘱，严格按剂量服用。

2）如何避免药物不良反应

①未明确病情的情况下，不得私自到药店购买药品，不可自作主张或听别人的建议乱用药，更不能轻信药品广告。以免用药不当延误治疗或错用药适得其反而加重病情。

②使用药品时认真阅读药品说明书。注意禁忌证、不良反应，服用剂量一定要遵守说明书的规定或医嘱。

③尽量减少联合用药，家庭用药最好单品种使用，最多2种联用。因为使用的品种越多，发生不良反应的概率就越高。

④老年人、小儿、孕妇、哺乳妇女、肝肾功不全者用药应慎重。

⑤服药前后不饮酒。酒中含有乙醇，除了加快某些药物在体内的代谢转化、降低疗效外，也能诱发药品不良反应。特别是服药时饮酒，可使消化道扩张，增加药物吸收，从而引起不良反应。

⑥家庭药物应由专人保管，最好放在抽屉里上锁，或者放到药箱（盒）里置于高处，以免儿童误服、错服而发生意外事故。

第 18 节

不要成为“小胖墩”

肥胖是因体内的能量无法有效地排出体外，体内脂肪积聚过多，尤其是皮下脂肪堆积所致。在肥胖儿童中，95% 以上为单纯性肥胖。单纯性肥胖是由能量的摄入和消耗之间的不平衡，即营养过剩所致，如今的中小学生每天摄入的营养丰富，能量摄入过多，再加上学习压力大，缺乏运动，能量无法充分消耗，从而导致摄入与消耗不平衡，就易造成单纯性肥胖。

1. 怎么就成了“小胖墩”

从生理学理论讲，肥胖的发生机制，主要是由于人体内的脂肪细胞数量增多、体积增大而引起的，即肥胖取决于体内脂肪细胞的数目和脂肪细胞内脂质含量的多少。肥胖是一种很常见的可预防死因，也是 21 世纪人们最关注、最重要的健康问题之一。目前成人与儿童的肥胖盛行率都在上升，且女性较男性更常发生。2013 年，美国医学会将肥胖定义为一种疾病。

肥胖的危险因素主要有以下几点：

（1）**饮食习惯**。热量摄入过多，尤其是高脂肪饮食是造成肥胖病的主要原

因。根据对肥胖青少年的追踪情况显示，大部分肥胖的青少年的饮食结构都存在或大或小的问题，无论是日常饮食的合理搭配，还是食物种类的选择上都存在多种问题。数据显示，肥胖青少年对高热量、高脂肪、高糖等食物表现出了明显的偏好，部分儿童长期爱好吃垃圾食品，如方便面、肯德基、“辣条”等高热量食品。

（2）**体内营养失衡**。青少年的成长发育过程离不开多种营养元素的参与，这些营养元素来自日常吃进嘴里的各种食物。尤其蛋白质、维生素、氨基酸、膳食纤维等是必不可少的。如果长期饮食摄入不合理，则有可能导致青少年营养元素吸收障碍，进而引发肥胖。

（3）**遗传因素**。通常情况下，如果父母一方患有肥胖症，那么他们的子孙后代患有肥胖症的概率将大大提升。据国外报告，父亲或母亲双方有一方肥胖者，子女肥胖的可能性为 40%~50%；父母双方都肥胖，子女肥胖的可能性约为 70%~80%，尤其是母亲肥胖的影响更为明显。

此外，肥胖还与职业、性别、年龄、精神因素、代谢因素、内分泌等有关。

2. 这样做就不会胖

（1）**提高健康认识**。充分认识肥胖对人体的危害，了解人在婴幼儿期、青春期、妊娠前后、更年期、老年期各年龄阶段容易发胖的知识及预防方法。父母要协助小孩控制体重，慎防日后发生肥胖。

（2）**饮食平衡合理**。采用合理的饮食方法，做到每日三餐定时定量，科学安排每日饮食，如饮食不过油腻、不过甜和不过多，适当增食蔬菜和粗粮，多素食、少零食。减肥过程中，巧克力、油炸食品、干果、蛋糕等最好杜绝；蛋黄的脂肪及热量较高，以每周摄取2个为限；每天饮用新鲜的脱脂或低脂牛奶，肉类则以鱼类海鲜或瘦牛肉、动物肝脏为主，尽量以蒸、煮代替煎、炸、炒；主食以少量白饭代替炒饭或面食，遵循少量多餐、细嚼慢咽的原则。针对中小学生的饮食建议如下：早餐可以喝牛奶、豆浆，吃些鸡蛋或者粗粮面包，也可以凉拌青菜，做到清淡即可。午餐可以吃牛排，或者海鲜肉类，菜和汤也要遵循清淡的原则。晚餐可以粥类为主，清炒素菜，肉食适当减少或者不加。

（3）**加强运动锻炼**。经常参加跳绳、踢毽子、打沙包、跑步等适合学生的活动，既能增强体质，使形体健美，又能预防肥胖的发生。减肥的人群要注意减肥速度：轻度肥胖者可每月减重0.5~1.0kg，中度以上肥胖可每周减重0.5~1.0kg。中小学生正处于生长发育期，减肥速度过快会影响生长发育，对身体造成伤害，而且一旦停止减肥就很容易反弹，以牺牲健康来减肥是不可取的。

（4）**生活规律**。保持良好的生活习惯，根据年龄不同合理安排自己的睡眠时间，既要满足生理需要，又不能睡眠太多。

（5）**保持心情舒畅**。良好的情绪能使体内各系统的生理功能保持正常运行，对预防肥胖可起一定的作用。

第19节

坚决对野味说“不”

1. 什么是野味

野味，是打猎得到的肉身鸟兽，比如野鸡、野兔、果子狸等天上飞的、地上跑的、水里游的野生动植物，并非人工饲养得到的。而野味之所以“野”，是因为这些鸟兽从古至今都得不到消费者的喜好，长得奇形怪状、体格大、肉少、没有过高的营养价值，使得需求的人也很少，所以人们不会饲养它们。但是随着经济发展，人们生活水平的提高，一些人出于贪图新鲜或者简单认为物以稀为贵，把吃野味误当作进补或者显示档次、显示身份的标志。

喜欢吃野味的人，被人们戏称为“野味党”。在“野味党”看来，物以稀为贵、味以稀为美，即所谓“家养的不如散养的，散养的不如野生的，野生的不如珍稀的，珍稀的不如濒危的”。其实，美食界早有定论——野味并不比普通肉好吃；营养学家早已经证明，野生动物绝大多数都没有特别的营养价值；并且医学家早已经确认，野味通常携带大量寄生虫和病毒，用普通的肉食加工方式难以消除。但是，总有人把专家的忠告当成耳旁风。因为有需求，所以就有市场，在那张刺眼的野味价目表背后，隐现的是一条猎捕、运输、销售、加工野味的“灰色产业链”。而危险就在其中：病毒，往往就在这条链上流动，并传播到人群中。

2. 致命的野味

“野味”市场的存在，使偷猎野生动物的现象难以杜绝，而食用野生动物并不能给人带来期望的健康。在利益的诱惑下，一些不法之徒甚至投毒捕杀野生动物，再卖给消费者。野味在进入到餐桌前缺少食品安全检测，丝毫没有安全性可言，食用这种被毒杀的野生动物对人体危害极大，轻者恶心呕吐，重者也会引起中毒，滥食野生动物有可能导致人类因感染多种毒素而患上各种恶疾，有的甚至是绝症。

几乎所有的野生动物体内都有寄生虫、细菌和有毒物质，人与动物共患的病种多达 100 种以上，其中最常见的是狂犬病、口蹄疫、日本乙型脑炎、流行性感冒、结核病等 15 种疾病。在猎捕、运输、宰杀、加工和食用的过程中，

野生动物所携带的病原体很容易扩散传播。由于人们对野生动物的生活环境和来源并不是完全了解，即使是卫生检疫部门也难以检验出其体内的所有病原体，无法进行有效的控制，也很难采取预防措施。有案例显示，有人吃旱獭肉后感染了鼠疫，喝了蛇血、蛇胆混合的酒后患了鞭节蛇虫病，吃涮鼠肉和狗肉后感染了旋毛虫病等。要彻底解决这些问题，除了相关部门、媒体加强科普宣传外，个人也要提升健康和环保意识，了解食用野生动物并不能带来所谓的“滋补”作用，反而会有罹患疾病的风险。

人类滥杀、食用野生动物的危害以及付出的惨痛代价，一直在提醒人类要善待野生动物。2020 年 2 月，国家 10 部门联合部署打击野生动物违规交易专项执法行动。各地严查违法出售、购买、利用、运输、携带、寄递野生动物及其制品的行为，以及传播相关的广告。

3. 拒绝野味，保护野生动物

保护野生动物，应从拒绝食用开始，为了自己和家人的生命健康，为了生态平衡和生物的多样性，为了公共利益以及人类社会的良性健康运转，拒绝吃野味应成为我们的基本常识。我们不仅要拒绝吃野味，更要拒绝野味交易。没有买卖，就没有杀害，也就很难发生对人类社会造成剧烈冲击的疫情。

吃野味不仅是陋习，而且危害公共卫生安全。由于很多罕见的病毒就是来源于人类较少深入研究的一些野生动物，售卖和食用野生动物都大大增加了人类感染这些病毒的可能性。但是，人类发现新型病毒、研究其致病机理需要相当长的一段时间，在这段时间里它完全可以迅速传播而造成严重的突发疫情，给人类带来重大的影响。对于野生动物的管理，我们可以借鉴香港的成功经验。

杜绝野生动物的交易和食用，是当前必须执行的措施，容不得片刻的迟疑。新《野生动物保护法》第 30 条明确规定，禁止生产、经营、使用国家重点保护野生动物及其制品制作的食品，或者食用没有合法来源证明的非国家重点保护野生动物及其制品制作的食品。禁止非法购买国家重点保护的野生动物及其制品。根据第49条的规定，食用野生动物者，轻则贪吃“野味”，当心染病，犯法者承担行政法律责任，没收其所购买的野生动物及其制品，并处该野生动物及其制品价值2倍以上10倍以下的罚款；重则构成犯罪，要承担刑事法律责任。因食用而购买野生动物的，可以追究非法收购珍贵濒危野生动物、珍贵濒危野生动物制品罪和掩饰隐瞒犯罪所得、犯罪所得收益罪。

人与自然和谐相处才是文明社会最高的追求，每一个社会成员都应该对野生动物心存敬畏，任何一个文明社会都应该坚决关闭野味市场。自食恶果的教训，不能在人类的生存中一次又一次地上演。现实中的制度管理和法律政策，只要在执行上稍有疏忽，都可能引发公共卫生安全事件。

第 20 节

睡眠充足 受益无穷

1. 身体里的“生物钟”

雄鸡报晓，蜘蛛半夜结网，牵牛花在清晨开放……自然界所有生物的生命活动都存在节律现象，这就是我们常说的生物钟。生物钟是生物体内一种无形的“时钟”，实际上是生物体生命活动的内在节律性，与地球 24h 的光–暗周期保持同步，生物钟对于生物维持健康的生理状态至关重要。我们有昼夜节律的睡眠，清醒和饮食行为都归因于生物钟的存在。

大家可能了解过褪黑素在倒时差中的作用，人体分泌褪黑素的便是生物钟的调控中心——松果体。褪黑素的分泌受光的调节，它在血浆中的浓度白天降低，夜晚升高。松果体通过褪黑激素的这种昼夜分泌周期，向中枢神经系统发放“时间信号”，转而引发若干与时间或年龄有关的“生物钟”现象，如人类的睡眠与觉醒、月经周期中的排卵以及青春期的到来。

2. 睡眠不足，后患无穷

人们每天大约花 1/3 的时间睡觉，这足以说明睡眠的重要性。良好的睡眠能够帮助机体消除身体疲劳、保证精力充沛、增强免疫力、促进生长发育等。但是由于越来越大的学习压力，全国中小学生，尤其是初三、高三学生，睡眠不足的比例已经上升至八成。在很多中国家长和学生眼里，当睡眠与课业相冲突时，总是会忽略睡眠而“挑灯奋战”，其实，这是错误的做法。

睡眠不足严重影响青少年的生长发育，现代研究认为，青少年的生长发育除遗传、营养、锻炼等因素外，还与生长激素的分泌有一定关系。生长激素是下丘脑分泌的一种激素，能促进骨骼、肌肉、脏器的发育。生长激素的分泌与睡眠密切相关，即在人熟睡后有一个分泌高峰，随后又有几个小的分泌高峰，而在非睡眠状态，生长激素分泌减少。所以，青少年要发育好、长得高，睡眠必须充足。

除生长发育外，睡眠也切实关系到我们的脑力。相信大家都深有体会，在熬夜后的次日，上课时经常会头昏脑涨，注意力无法集中，甚至会出现头痛的现象，长期熬夜或失眠对记忆力、理解力也有无形的损伤。科研人员实验证明，人的大脑要思维清晰、反应灵敏，必须要有充足的睡眠，如果长期睡眠不足，会使人心情忧虑，且大脑得不到充分的休息，会影响大脑的创造性思维和处理事物的能力，继而其学习或工作的效率也就会大打折扣了。

睡眠也和我们的皮肤健康息息相关。晚上10时至早上6时是新陈代谢的最好时机。睡眠不足会引起皮肤毛细血管内血液瘀滞，循环受阻，皮肤代谢率不佳而显得晦暗而苍白，也容易出现黑斑和青春痘等。眼睛周围的血液循环不良可引起黑眼圈、眼袋或是白眼球布满血丝。眼睛的劳累感和不适感可加重学习倦怠，间接影响学习效率。

长时间熬夜面对电脑或书本还可损伤视功能以及颈椎、手腕等关节，进一步引发高度近视、颈源性头晕头痛、脊柱弯曲不正、指节变形、便秘等。经常睡眠不足还可导致内分泌紊乱和免疫力降低，由此导致种种心理、生理疾病的发生，如神经衰弱、感冒、胃肠疾病等。此外，睡眠不足可增加多种重大疾病的患病风险，包括癌症、心脏病、糖尿病和肥胖症等。

对正处于身心都在发育阶段的青少年来说，睡眠不足会不可修复地透支青春和健康。毫不夸张地说，睡不好就是不健康，睡眠不足将影响一生。

3. 这样拥有好睡眠

要保证高效良好的睡眠，个人的好习惯需逐渐养成。

首先，我们应该做到规范睡眠时间，准时睡觉和起床。人类的最佳睡眠时间应是晚上10时至清晨6时，处于发育期间的青少年每天至少要保证8h的睡眠时间。尽量每天都在同一个时间段睡觉，这样身体代谢才会更加有规律，身体各项生理活动才能有条不紊地进行。周末也不要赖床到中午，甚至整天睡觉，生物钟一旦在这两天被打乱，很容易造成恶性循环，出现失眠、食欲不振、浮肿的症状。在学习负担较重时更应该合理地规划时间，并有较强的处理事务和自制的能力，力求在最佳睡眠时间准时入眠。

其次，要做到重视睡眠卫生，培养良好睡姿。睡觉时不要蒙头大睡或张大嘴巴，用被子捂住面部会使人呼吸困难，导致身体缺氧，而张嘴吸入的冷空气和灰尘会伤及肺部，胃部也会受凉。睡时不蹬被子、不露肚脐，也不过度保暖，睡眠用品应舒适、薄厚适当，不在床上放过多杂物。睡眠姿势因人而异，研究表明右侧卧位是推荐的良好睡姿。

适宜的睡眠环境也非常重要。睡眠时光线要适度，周围的色彩尽量柔和，通风但不能让风直吹，尽量防止噪声干扰。由于一部分学生可能生活在集体宿舍，因此营造好的睡眠环境也需要青少年发挥人际沟通与协调能力，使得不同生活习惯的人都能大致协调同步。

调整膳食也可以促进我们睡得更好。晚餐掌握“77”原则，即尽量晚上7时以前（或至少在睡前3h）进食，吃7分饱就好，菜品以轻淡为宜，避免高油脂的肉类及蛋糕点心。含咖啡因的提神饮料睡前禁止饮用，不喝酒，茶、苏打水也尽量不喝。经常腹胀的人晚上要少吃胀气食物，如豆类、洋葱、青椒、土豆、红薯、芋头、玉米、香蕉、面包、柑橘类水果等。用餐之后不要马上躺下睡觉，应适度活动，以帮助消化。

有些学生失眠是因为过分担心或压力过大导致的，这类担心或压力所致的过分焦虑，对睡眠本身及其健康的危害更大，应及时就医。疲劳而难以入睡者，不妨食用苹果、香蕉、橘、橙、梨等这一类水果，这类水果的芳香味对神经系统有镇静作用，且水果中的糖分能使大脑皮质处于抑制状态而易进入睡眠。

第 21 节

每天充足运动 保障健康生活

青少年正处于身心发展的关键时期和学习文化知识的重要阶段。现阶段同学们不仅要应对学习和考试，还要承受来自家庭、学校和社会的压力，竞争固然可以激发人的进取心，但也不能整天埋头学习而忽视体育锻炼。

1. 运动好处有哪些

（1）**促进身高增长**。青少年长高的秘诀是长骨的生长，体育锻炼可改善新陈代谢和血液循环，使骨组织得到更多的营养，同时，运动对骨骼起着一种机械刺激作用，所以体育锻炼能加快长骨生长速度，身高也会随之有所增长。

（2）**促进肌肉生长**。体育锻炼可加快新陈代谢，使肌肉组织血液供应良好，肌纤维增粗，肌肉体积增大，肌肉更加粗壮、结实、发达而有力。另外，由于肌肉结构变化，酶的活性增强，以及神经调节改进，表现为肌肉的收缩力量大、速度快、弹性好、耐力强，动作变得更灵敏。

（3）**增强心肺功能**。体育锻炼使血液循环加快，心血管的机能增强，心肌变得发达，收缩力加强，同时胸廓的活动范围扩大，肺活量提高，对防止呼吸道常见病有良好的作用。

（4）**提高大脑的工作效率**。体育锻炼能改善神经系统的调节功能，提高大脑的灵活性和兴奋性，使大脑对错综复杂的环境变化能及时做出迅速、准确、协调的反应，提升工作效率，使人精力充沛。

（5）**控制体重**。运动会燃烧脂肪，防止青少年由于营养过剩而造成肥胖。运动能加强触觉刺激和肌肉训练，经常参加体育运动的青少年的肌肉比较有力、关节比较灵活，体态良好。

（6）**预防疾病**。体育锻炼能增强人体的免疫力，提高对内外环境变化的适应能力，当自然因素发生变化时，青少年就能迅速而准确地进行反应，使身体跟外界环境保持平衡，这样就不容易感冒，也不容易中暑，还能降低成年患心脏病、高血压和糖尿病等疾病的风险。

（7）**保持心情愉悦**。越运动，越快乐。体育锻炼可以反射性提高下丘脑的兴奋性，下丘脑是主要控制人体多种功能的中枢，包括愉快中枢，能使身体和精神得到放松，心情舒畅愉悦；并且会刺激大脑释放化学物质，减少各种压力带来的紧张和不安，抵抗抑郁和焦虑情绪。

（8）**改善睡眠**。经常进行体育锻炼，能使入睡更快、睡眠更深，增进身体健康，但睡前不能剧烈运动，否则会因兴奋过度无法入睡。

（9）**塑造性格**。体育锻炼的对抗性和竞争性有助于培养青少年的竞争意识和拼搏精神；体育锻炼的团体合作性有助于培养青少年的群体意识和团队精神；体育锻炼对体质的提高有助于培养自信心和审美鉴赏能力，使青少年保持开朗、活泼、乐观的性格，实现心理素质和个性的完美发展。

（10）**促进学习**。一方面，体育锻炼能改善神经系统的调节功能，提高大脑的兴奋性，提高学习效率，减轻学习倦怠。另一方面，体育锻炼还能培养坚强的意志品质，增强战胜困难的勇气和信心。

2. 运动也要讲科学

生命在于运动。青少年长期徘徊于各科目的学习之中，身体缺乏锻炼，无论对日后的身体素质状况、精神状态还是学习情况都会产生很大的影响。那么作为学生，如何结合自身特点，做到科学的锻炼？

（1）**结合实际，全面锻炼**。根据自己的健康状况和身体素质，选择易行实效的锻炼项目，如游泳、跑步、骑自行车、健美操等。只有在全面锻炼的基础上，身体各部位才能均衡发展，单项锻炼只会使肌肉发育不均衡，甚至会发生畸形。

（2）**坚持不懈，持之以恒**。坚持锻炼不但能增强体质，还能提高运动技术水平。如果“三天打渔，两天晒网”，神经系统、心肺功能、肌肉和关节的力量就不能逐步提高，原先锻炼取得的成绩也不能保持，更不会达到预期的锻炼效果。

（3）**合理安排，循序渐进**。学习动作要由易到难、从简单到复杂，循序渐进、逐步提高。运动量要根据自身的条件从小到大、大中小结合，有节奏地增加。只有逐次加大运动量和不断提高动作的难度，才能得到良好的锻炼效果。运动时应进行密切的自我监控，包括运动后精神是否良好、疲劳恢复速度是否较快、睡眠质量如何、食欲是否正常、运动前后脉搏测定等。

（4）**着装轻便，衣着宽松**。服装应宽松有弹性，具有良好的透气性和吸湿性。冬季运动应注意保暖，防止冻伤，也要避免服装太重而影响运动。运动后出汗较多，要及时换去汗渍的衣服，并经常换洗。

（5）**做好准备活动**。适宜的准备活动可提高中枢系统及各内脏器官的状态，防止运动损伤的发生。运动结束时做一些整理活动，可使机体更好地从紧张状态逐渐过渡到安静状态，有利于疲劳的消除和身体机能的尽快恢复。

（6）**锻炼后不要马上洗澡**。运动后的一段时间内，机体皮肤、肌肉血管显著扩张，毛孔增大，排汗增多。如果此时洗热水澡，肌肉血管将进一步扩张，导致心脏和大脑供血不足，引起血压下降，轻者头晕不适，重者可能会虚脱。如果立即洗冷水澡，会使肌肉中的血管立即收缩，回心血量骤然增加，心脏负荷加重，造成心肌损伤甚至心衰。运动后应等到机体恢复到平静状态或发汗停止后洗澡，水温以40℃左右为宜，时间不宜过长。

（7）**月经期间适度锻炼**。女生月经期间应进行适量的体育锻炼，以促进新陈代谢、调节情绪、改善盆腔血液循环。应选择强度较小的运动项目，避免参加过于剧烈的跑跳运动、负重练习、仰卧起坐等。

（8）**运动中要注意安全**。进行体育锻炼时应注意安全，经常检查场地器材，注意场地是否平整、设备是否牢固，加强自我保护，遵守运动卫生的要求，这样才能避免运动损伤，获得良好的效果。

3. 运动可要做防护

对于正处在生长发育期的青少年来说，体育运动固然是好，但在参加体育运动时如果不量力而行，则不仅不能起到健身作用，相反还会损伤身体，甚至会造成残疾、危及生命而导致终身遗憾。

你知道如何防止体育运动损伤吗？

（1）**锻炼前要热身**。切记避免没有提前热身就运动。热身有助于活跃肌肉，让韧带更具有弹性，做几组拉伸运动就可以达到很好的效果。标准的热身时间为 10~15min，可以有效地降低运动受损的风险。

（2）**选择合适的运动鞋**。运动时选择舒适又透气的运动鞋，并及时清洗和更换，这样除了维持脚部卫生的清洁，还能降低意外摔伤的风险。

（3）**遵循正确的运动方法**。了解和掌握动作要领及方法，不仅能够在运动过程中发挥好技术动作，达到体育锻炼的目的，而且还能消除心理上的恐惧，增强自信心，避免不必要的伤害。

（4）**循序渐进，量力而行**。锻炼的目的并不是为了让别人惊叹你的过人体力或者灵活技巧，若不是要去参加比赛，那么完全没有必要去向别人证明什么，因此不要逞强好胜，去做对自己造成危险的动作。要选择合适自己的节奏，不要在乎周围人的想法。

（5）**运动时配戴护腕、护踝、护膝和腰带**。这些护具可以有效地为结缔组织和关节提供支撑，防止受伤。

（6）**如果感到不适，请立刻停止运动**。当你感觉关节、脊椎、肌肉或韧带轻微疼痛时，请立刻停止运动。因为人在虚弱的情况下很难维持身体平衡，受伤的概率会大大增加，不舒适时坚持运动只会加剧损伤。一旦出现疼痛感或者不适，就应该立刻停下来。

第 22 节

关爱眼睛 不做“小眼镜儿”

1. 近视的成因

在我们探索世界、学习知识的过程中，眼睛起到了重要的作用。有了眼睛，我们可以阅读喜爱的书本，分辨不同的色彩，探索自己感兴趣的事物……但如果用眼方法不正确，时间一长，有些同学会发现自己看不清远处的东西，这可能就是近视了。对我们来说，造成近视的主要原因有以下几种：

（1）**长时间过近距离用眼**。为了完成功课，有些同学会连续看书写字几小时不休息，这种情况下眼睛与书本的距离又比较近，这就是长时间过近距离用眼。眼球内部有一个结构叫晶状体，为双凸面透明状，可以通过睫状肌的收缩或松弛改变屈光度。当眼睛看近处物体时，睫状肌收缩，晶状体向前凸出，屈光度增强，物体发出的光线正好落在视网膜上，人眼就能看清近处的物体。如果经常长时间过近距离用眼，眼睛过度调节得不到休息，就容易导致假性近视。久而久之，眼球的前后径变长，就会变成真性近视。

（2）**过度使用电子产品**。手机作为现代生活中必不可少的电子产品，给我们带来了极大的便利，同时也对眼睛造成了无法忽视的伤害。在看手机时，电子屏幕上不断闪烁的光影持续刺激我们的双眼，眼球为了捕捉图像必须不断进行调节，时间长了就会导致眼睛疲劳。而且看手机时注意力过于集中，不知不觉中我们的眨眼次数就大大减少，会对眼表的泪膜层造成损害，导致眼睛干涩，甚至产生刺痛、怕光等症状，导致近视发生或加重。

（3）**走路乘车时看书或玩手机**。走路时身体的晃动，坐汽车时行驶的颠簸都会使我们的手随着一起晃动，在这个时候看手机或书，书本和手机屏幕也会随之不停地晃动。眼睛想要看清不断晃动的文字和图像，就要不断地进行调节，导致眼内的肌肉过度紧张，使眼睛产生疲劳和调节痉挛。

（4）**在强光或日光下看书或手机**。瞳孔可以通过变化大小控制进入眼睛光线的多少，光线太强时，瞳孔缩小，光线太暗时，瞳孔就会变大。日光的亮度要远远大于日常读书的照明度，长期在强烈的日光下看书，瞳孔持续缩小，瞳孔括约肌痉挛，就会导致眼睛过度收缩紧张，使近视发生或加重。另外，长期在强光下看书，会对视网膜的黄斑区造成损害，降低视觉的敏锐度，甚至引起永久性视力减退；日光中强烈的紫外线辐射还容易损伤眼部的角膜和晶状体。

（5）**遗传因素**。部分高度近视的人可能会携带高度近视相关基因，并遗传给自己的孩子。如果父母是高度近视，孩子就会有高度近视的可能；父母的近视度数越高，孩子发生近视的可能性也会更大。

2. 近视危害莫小看

（1）**影响学习、生活甚至就业**。近视之后，眼睛想要更精细地看清物体就比较困难，而且注意的范围会受到限制，会给日常学习和生活带来不便。一方面，近视会引起视物模糊、眼睛干涩酸痛等，上课时也看不清楚黑板，导致课堂注意力不集中，近视的同学在学习上要花费比正常视力同学更多的时间和精力，甚至会影响学习的兴趣。近视的同学在未来的专业选择和就业上也会受到限制，甚至不能到自己喜欢的大学专业进行学习，比如航空航海、精密加工制造等对视力有要求的专业。另一方面，近视还会给日常生活的其他方面带来不便，在和同学们外出交际、旅游或参加体育活动时会受到影响，很多活动都没有办法参加。

（2）**导致眼部并发症**。近视如果不及时治疗，不仅度数会逐渐加深，发展为高度近视，而且会产生多种并发症。近视度数越高，引起并发症的可能性越大，如白内障、青光眼等。另外，参加剧烈的、冲击性的运动，比如足球、篮球、跳水等时，可能会造成视网膜脱落。

（3）**影响身心健康**。由于视力下降或者配戴眼镜，同学们参加体育活动会受到很多的限制，甚至影响参与体育锻炼的积极性，导致身体素质与同龄的同学相比显得较差一些。另外，由于对近视缺乏正确的了解与认识，眼睛看东西模糊或者配戴眼镜也可能导致近视的同学自信心降低、适应能力减弱或依赖性较强，进而影响心理健康。

（4）**遗传后代**。高度近视的发生与遗传有着一定的关系，如果父母的确有高度近视，应更早注意相关表现，如有异常，要及时寻求专业医生的帮助。

3. 爱护眼睛，远离近视

（1）**读写姿势要端正**。在日常生活中，我们要学会正确的读写姿势，姿势正确可以有效预防或减缓近视的发生发展。正确的读写姿势为：上身坐正，两肩齐平；头正，稍向前倾，挺胸直背；两脚平放于地面，与肩同宽；左右两臂平放于桌面。注意要做到 3 个 1：握笔时手和笔尖之间的距离为 1 寸（约为 3.3cm）；读

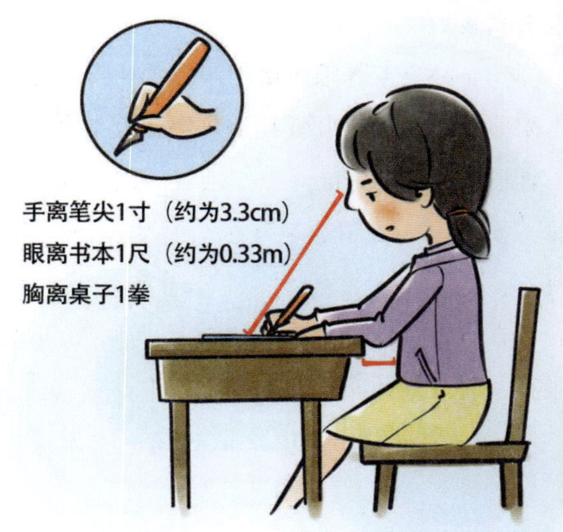

书写字时眼睛与书本之间的距离为1尺（约为0.33m），前胸与桌沿之间的距离为1拳。

（2）**电子产品莫贪玩**。①使用手机、电脑的时间不能太长，每隔1~2h，眼睛应休息至少10min；②晚上关灯后，或者在黑暗中不要看手机，必须使用手机时，要把房间的灯打开，并且手机屏幕的亮度与房间亮度一致；③在侧卧时不要看手机，否则会造成双眼视力不一致，而且受压迫的那只眼睛容易供血不足，造成短时间内看东西出现重影，长期下来会影响视力。

（3）**合理休息要记牢**。首先，在读书写字或使用手机、电脑时，每隔1~2h要休息10 ~ 15min，远眺窗外，或者转动眼球、做眼保健操等。其次，可以经常参加乒乓球、羽毛球等轻度的户外体育活动，当眼睛看着不断飞来飞去的球时，睫状肌不断地放松与收缩，可以减轻眼部疲劳。另外，多眨眼也可以滋润眼睛。

（4）**补充营养很重要**。深绿色、橙红色、黄色的蔬菜和水果中含有丰富的类胡萝卜素，动物肝脏和蛋黄中含有丰富的维生素A，而类胡萝卜素与维生素A对眼睛都有很好的保护作用。因此，我们要适量吃些富含这2种营养素的食物，如猪肝、蛋黄、绿叶蔬菜、胡萝卜、青椒、南瓜、红薯、芒果、杏和樱桃等。

在日常生活中坚持做到以上几点，养成良好的用眼习惯，就能保护我们的眼睛，有效地预防近视的发生。

第 23 节

如何保持健康的人际交往

1. 和父母好好沟通

到了青春期，个人往往会形成自己独特的认识和见解，想要给自己留有足够的空间来独立思考，喜欢独立做事而不愿意和父母讨论。不可否认，这是逐渐成熟的一种表现。但久而久之，可能会导致和父母之间的交流出现严重问题，这就是所谓的“代沟”。

有人说，沟通是一道彩虹，用炫彩的桥梁结架起心与心的方向；也有人说，沟通是一把雨伞，用温馨浪漫的空间融合人与人的距离。对我们而言，沟通便是帮助我们跨越鸿沟的法宝。通过沟通，父母可以真正了解我们的内心真实感受，知道我们的确切需要，帮助我们解决烦恼，我们也能借此机会了解父母的心意与想法。那具体应该怎么做呢?

沟通的首要条件是学会尊重和理解父母。在父母眼里，我们永远都是长不大的孩子，他们总会怀着担忧的心情迎接我们的成长，运用自己的阅历与经验为我们出谋划策，希望我们少走弯路。但是每个人的成长环境和生活经历并不完全相同，每个人对事情的态度不一致是一件正常的事情。所以与父母有意见

分歧时，我们应该尊重并站在他们的角度换位思考，回避、疏远、顶撞是不能解决问题的。如果总是反感父母不同的意见，又如何进一步理解彼此呢？

（1）经常表达对父母的关心和爱，在父母生日时送点小礼物表达心意。

（2）有空的时候和父母一起做做家务，并在这个时候和他们进行真诚的沟通。

（3）当我们有些事情做得不对时，主动道歉。

（4）当被父母批评或责骂时，不要急于反驳甚至发脾气、顶嘴，待情绪平静下来之后，再听听父母的意见，与父母沟通自己的想法。

我们可以尝试从点滴小事做起，与父母理性沟通，那么就一定会和父母成为无话不谈的好朋友。

2. 尊重老师我带头

老师是我们锤炼品格、学习知识、创新思维的引路人，是播撒温暖爱意的园丁，更是在我们失败的旅途上引燃成功渴望的智者。

尊师重教是中华民族的传统美德，尊师行为应该体现在学习和生活的方方面面。短短40min的课程，老师备课却需要4~5h。所以，尊师首先要做到努力学习。课堂上专心听讲，积极思考每一个知识点、每一个问题。如果对授课内容有疑惑，可以在课堂上举手提问或在课间休息时去请教老师，绝对不能不懂装懂。对于老师布置的作业，要一丝不苟地按时完成。大家要记住，优异的成绩能回报老师的辛苦付出。

其次，要对老师有礼貌。课前起立，问一声“老师好！”，真诚地向老师鞠躬。在教室外面看到自己认识的老师时，要主动上前打招呼，说一声“老师好！”。放学后，向老师说一句“老师辛苦了！老师再见！”。上课迟到后，不能大摇大摆地进入教室，应该在得到老师允许后方可进入教室。

最后，要虚心接受老师的教导。当和老师的意见不一致时，我们要学会控制自己的情绪，避免和老师发生正面冲突，可以事后单独找老师说明情况。“人非圣贤，孰能无过”，老师有时候也会犯错，这时候我们应该礼貌地向老师提出意见。在和老师的交往过程中，要把握好分寸。时刻注意自己的言行，绝对不能当众顶撞老师。

我们要在点点滴滴中做到尊重老师，学会与老师沟通，将中华民族尊师重教的传统美德发扬光大。

3. 同学是我的好朋友

学校是一个大家庭，除了家人，与我们相处时间最多的就是周围的同学。同学之间相处得如何，对我们的学习、生活、心情、性格都会产生较大的影响。那我们如何做到友好相处呢？

（1）**主动关心同学**。希望得到别人的关心是我们的基本需要，而且这应该是一种不求回报、不带目的的关心。你越关心别人，你在他生活中的重要性也会随之增加，自然他也会关心你。一旦彼此间互相关心，同学关系也自然就亲密了。

（2）**学会悦纳别人**。所谓悦纳别人，是指从心底把别人当作自己的朋友，真诚以待。俗话说：“金无足赤，人无完人。”我们要辩证地看待别人，不要因为某个缺点就嫌弃和远离自己的同学与朋友。悦纳别人就是要诚心地帮助其克服缺点。

（3）**改变与完善自我**。每个人都有性格和习惯上的不足之处。有些人会有影响他人的坏习惯或令人讨厌的举动，这都会影响到同学关系。所以，要有意识地改变自己的不良性格和习惯，促进同学之间的友好相处。

第 24 节

如何避免“为情所伤”

1. 别在不成熟的恋情中受伤

在我们长大成人的过程中，青春期是一个特殊且重要的阶段，我们的身体和心理都会悄悄地发生变化，不由自主对异性产生爱慕、思恋等，并对爱情有了些许懵懂的憧憬和向往。有的同学心神不定、茶不思饭不想，默默地把爱慕者放在心里、有的同学找借口与异性接触，或者鼓起勇气把写好的小纸条、礼物偷偷塞给喜欢的异性以表达自己的喜欢之情，一旦爱慕的异性同学跟自己打招呼就会兴奋不已，一天都是好心情。

伴随着性器官的逐渐成熟，我们会不自主地出现与性有关的心理活动和行为表现。青春期的少男少女们正是在情窦初开的时期，对异性产生好奇、思慕、喜欢，这都是正常的事情。但我们的身心发展还未完善，对爱情尚未形成全面的认识，又处于学业的关键时期，最好不要踏进早恋的漩涡，我们要把大部分时间和精力都用在学习上，用理智战胜生理、心理需求，正确对待早恋。

青春期的我们自制力不够好、思考问题不够全面，极易尝试初恋这颗青涩的果实，处理不当不仅会给自身成长和学业带来不利影响，甚至会对家人及他

人造成伤害。

（1）**早恋危害身心健康**。一旦被同学、老师、家长发现，心里会承受很大压力，而且大多数早恋并不长久，失败后可能给未来的恋爱带来不好影响。早恋会影响情绪，导致食欲缺乏，心神不佳，严重影响我们的身心健康。

（2）**早恋影响学习成绩**。每个人的精力都是有限的，如果过分沉醉于爱的幻想，难免忽略自己的生活与学习，无法全身心地投入学习中。学习犹如逆水行舟，不进则退，如果把时间和精力用到谈情说爱上面，学习成绩就必然会受到影响。

（3）**早恋容易产生越轨行为**。青春期的我们对两性的认识比较浅显，没有性道德观念的约束，热恋中的双方容易过早发生性关系，当女生怀孕后双方都会陷入不知所措、惊恐之中，不仅极大地伤害女生身体，双方的学业和前途也可能因此被毁。

我们应该正视早恋，学会自律，尽早走出早恋的误区。

（1）培养自尊、自爱、自重、自强的观念，有意识地控制感情，并学会自我调节。

（2）集中注意力，专心学习，丰富兴趣生活，积极参加集体活动，把对异性的爱慕转化为更有趣的事情。

（3）学会与异性相处，对待爱慕的异性落落大方，掌握分寸，不过于亲密，不单独与异性相处。

（4）学会向他人倾诉，找父母、老师或者自己信任的人谈谈自己的烦恼，听取他们的合理建议。

（5）注意心理卫生，自觉抵制各种色情出版物，存在疑惑可以与父母探讨，或者在图书馆查阅相关书籍，消除“性”的神秘感。

2. 单恋迷茫怎么办

单相思是每个人都可能经历的事情，处理不当不仅影响学业与生活，还会影响身心健康。那么，如何摆脱单相思的烦恼呢？

（1）告诉自己，每个人都会经历单相思，大家都有这样的烦恼，这很正常，对明星的崇拜、对异性的喜欢，有时候可能同时对好几个异性都产生好感，但这其中很大一部分来源于自己的幻想，不是真正意义上的喜欢。

（2）认清单相思多没有结果。恋爱是需要两情相悦的，而单相思只是自己单方面的心理活动，是不现实的，也得不到对方的回应，应该及时否定自己的单方面思恋。

（3）做些其他有意义的事。青春期的生活丰富多彩，充满朝气，我们可以把注意力集中于其他方面，消除自己的烦恼。同时，我们一定要认清学习是我们当下首要任务，及时纠正不良情绪。

（4）向他人倾诉，寻求帮助。长期的单相思会给我们的生活和学习造成影响，使自己陷入苦闷与烦恼之中。不妨找父母或老师倾诉一下，他们也许会告诉你正确的处理方法和经验。

3. 如何走出失恋的痛苦

当青春期早恋被爱慕对象拒绝或不关注时，或者受到来自父母、老师、学习等方面的压力，不得不放下时，多数同学都能及时调整受挫的心态，从不良情绪中走出来，然而有些同学仍然不能正确地认识和对待失恋这件事，产生强烈的情绪，如冲动、逆反、抑郁，常表现为下列几种心态：

（1）**羞愧不已，感觉人生没有意义**。在被拒绝后认为没有人会爱自己，还会被同学取笑，长此以往导致对任何事情都不感兴趣，自我封闭不愿意接触别人。

（2）**自欺欺人，难以自拔**。对自己爱恋的对象仍旧一往情深，不愿意相信现实，沉迷于幻想的单相思中，有些同学也会产生喜欢与憎恨的矛盾感情。

（3）**失去理智，用暴力解决**。有些同学在被拒绝后，会产生"宁为玉碎不为瓦全"的疯狂心态，甚至对人生绝望，做出自残、报复社会的行为。

我们一定要学会自我调整和适应，以下方法可供参考学习，

（1）**倾诉**。把积压在内心的不快和疑惑写出来或者把此阶段恋爱的利与弊分别列出来，自己进行权衡。最直接的做法就是找父母、师长或者其他可以信任的人倾诉，他们会理解并给你一些建议。

（2）**移情**。提醒自己不要总想不快乐的事情，可以进行适当的运动、阅读、干家务等，使自己忙起来，不要有意识地加强不快心理，要学会自我说服与克制。

（3）**树立目标**。人生的路很长，青春期的爱恋是我们人生的一个阶段，这份青果看着很美，吃起来很涩，和你相伴一生的那个人还在远方，只有努力地提升自己，好好学习，才能拥有更广阔的天地，遇到更美好的爱情。

第 25 节

健康的学习方式

1. 学习也能很有趣

对于青少年而言，学习不仅要有意义，还要有意思。因为有意思，所以学习才会变得更加有意义。生活中，我们往往发现学习和自己想象的不太一样，学习的过程疲劳而乏味。因此，只有设法激发学习兴趣，才能调动学习的自主性，提高学习效率和注意力，从而提高学习的质量。

以下是几种提高学习兴趣的方法，希望大家能有所收获：

（1）**丰富多彩的学习形式**。在平时的学习中，我们可以采取多种学习形式，如观看在线课程、画思维导图或相互进行提问等。同时要牢记“世界即课堂”，把课本上的内容联系到生活的角角落落，这样可以帮助理解和记忆。

（2）**多交流，好处多**。遇到有质疑、感兴趣的问题可以多与同学们分享、交流，这样可以互相学习、借鉴，通过交流我们学到的知识会更加深刻，遇到问题一个人不要钻牛角尖，与人交流可以达到事半功倍的效果。

（3）**深入学习与探究**。对学习内容要多加思考，理清思路。例如，数学是逻辑性很强的一门功课，生活中也能处处体会到数学的乐趣，买东西、估算事情发生的概率、推断事情的发展方向等都会用到数学。

（4）**打好基础**。成就感和好的成绩是学习兴趣的最好动力，而兴趣会促使你愿意去学，并取得好成绩，形成良性循环，学习兴趣就会越来越浓。学习犹如盖楼，地基越牢固、越深，房子才能越牢固，才能盖得越高。例如，有些同学 26 个英文字母记不全，不会发音，在后面的单词拼读方面就会落后，甚至跟不上老师的节奏，从而对英文失去兴趣。

2. 好习惯帮你提升注意力

好的学习习惯是学生学习成长的基础。注意力是好习惯形成不可缺少的条件。教育学家乌申斯基曾经说过："注意力是我们心灵的唯一门户，意识中的一切，必然都要经过它才能进来。"

那么如何提高注意力呢？同学们可以从以下几个方面出发：

（1）**消除学习中的干扰因素**。这些因素可能是外界的刺激物，如噪声、不良光线等，而对于今天的同学来说，抵抗电子产品、网络游戏的诱惑可能非常困难，大家可以积极配合老师和家长的管理，协助自己战胜诱惑。其次，也可能存在内在干扰，如疾病、不良情绪等。在学习过程中尽量减少这些干扰因素，有利于提高学习效率。

（2）**培养学习兴趣**。兴趣常常能使人坚持不懈地做一件事，学习兴趣可以推动学生的求知欲望，进而将专注力集中于学习。

（3）**作息规律**。有的学生睡眠不规律，失眠、疲劳过度，大脑没有得到充足的休息，使得上课打瞌睡，不能集中精力学习，导致学习效率降低。

（4）**积极思考**。上课过程中时刻跟上老师的讲课节奏，多动脑、勤思考，将注意力集中于老师的授课中。

3. 做个独立的好少年

人是有思想的独立个体，从年少到成熟，生活中会遇到各种各样的问题。

我们应当从小养成独立的好习惯，不能处处依赖别人。

学习、思考和生活的独立性是一个循序渐进的过程。我们可以从以下几方面来培养学习的独立性：

（1）**学会独立阅读**。阅读兴趣的培养和阅读习惯的养成是独立学习能力培养的基础和前提。在完成学校作业的同时，挑几本感兴趣的课外书，锻炼自己从阅读书籍中获取信息的能力。

（2）**学会独立思考**。“学而不思则罔”，学习过程中要善于独立发现问题、独立分析问题。坚持独立思考，才可以使思维能力不断提升。好多学生懒于思考，这种学习态度容易使他们学习效率低，陷入学习落后的境地。

（3）**养成勤动脑的好习惯**。在生活、学习中要养成不盲从、不轻信、善于质疑的习惯，遇到困难时，多问几个为什么，才能真正提高独立学习的能力。凡事都经过自己认真思考明白以后再接受，逐步提升思维能力。

（4）**善于表达自己的观点**。在课堂上要善于表达自己的观点和想法，生活中有些事情要有自己做决定的意识。

（5）**学会独处，干自己力所能及的事情**。自己能做的事情一定要自己做，这也是自理能力提高的一个过程。

（6）**培养操作、探索、猜想、验证的能力**。这是独立学习能力培养的核心内容。独立参与才能不仅“知其然”，而且“知其所以然”，才能达到提高独立学习能力的目标。

4. 考试绕不开，要有好心态

心态就是一个人的心理状态。心理状态的好坏，会直接地影响工作、学习的效果。在体育比赛中，由于心理状态的改变，参赛选手水平的发挥会跟着出现较大的起伏。同样的道理，心理状态的正常与否对参加考试的同学来说也至关重要。心理方面的任何失衡都会使人手忙脚乱，平时掌握的内容也有可能想不出来；相反，保持良好的心态，才能发挥出最佳水平。

一般来说，考试过程中同学们需要克服的不良心态有以下 6 种：

1）偏急心态

不良表现：考试刚开始，部分考生为了抢时间，审题不清、盲目答卷。

正确做法：拿到试卷后，先从头到尾大概浏览一遍，看看总的题型，做到心中有数。每做一道题，要审清题目要求，梳理解题思路之后再着手解题。

2）犹豫心态

不良表现：接触到题目后，有好几个解题思路，但又不确定选哪一个。

正确做法：多读几遍题目，抓取题目要点，然后选择自己认为合适的解题思路作答。

3）烦躁心态

不良表现：有些题目屡次尝试后仍不能得到答案，心情越来越烦躁，不能安静地答题。

正确做法：深呼吸，告诉自己不能急，把这道题打标记后先放下，继续静下心来做下一道题。

4）固执心态

不良表现：考试时遇到不会的试题，保持屡败屡战的态度，不愿意放下它去做下一道题目，同时，在方法、思路选择上又不愿改变。

正确做法：条条大道通罗马，换一个解题思路，或者暂且放一下，先做剩下的题目。遇到这种情况试着默念："这道题目难，大家都难，我不会，别人可能也不会，做完别的题目了再做这道题。"

5）懊丧心态

错误表现：考试过程中，遇到攻不下的试题而不得不放弃时出现的一种惋惜心理。

正确做法：以"阿Q精神"自我安慰。内心默念："我没有做出来的题目别人有可能也不会。"

6）冲动心态

错误表现：遇到自己认为十分简单的题目时，心情异常兴奋，思维失控，产生冲动心态。

正确做法：时刻提醒自己保持冷静，自己会答的题要百分之百正确。考试不仅是检查教师教学效果、学生学习情况的评价手段，还是一种对于能否正确评价自己、勇于承认学习上的失误和不足、严于自我约束的考验。每位同学在考试中应自觉遵守考场纪律，坚决杜绝各种考试舞弊行为，树立与不良风气做斗争的信心、勇气，勇于检举揭发考试中的作弊行为，立志成为一名文明诚信的学生。

第 26 节

青春期的那些事儿

1. 青春期的生理变化

早晨起床，小丽觉得脸颊处痒痒的，像有只小虫在爬。她对着镜子一照，发现脸颊上面有一个小红点，鼓鼓的、表面油油亮亮的，小丽以为是讨厌的蚊子所为。妈妈瞥了一眼，一语道出真相。同学们，你们知道小丽脸颊上的小红点是什么吗？

没错，这就是青春痘，这是青春期常见的一种生理现象。青春期是从童年走向成年的过渡时期，是性器官发育成熟、出现第二性征的阶段。青春期开始的年龄受遗传、营养、气候、生活习惯和体育锻炼等因素影响。一般来说，男孩在 12~14 岁、女孩在 10~12 岁时开始进入青春期。我们的身体在青春期会发生哪些变化呢？

首先，青春期到来的最早信号是身高和体重迅速增加。身高增加主要是因为长骨生长，女孩每年增高 5~7cm，男孩每年增高 7~9cm。体重增加则是内脏、肌肉和骨骼迅速生长发育的结果，一般每年体重增加 5~6kg。进入青春期后，男孩、女孩的体型差异会越来越明显。男孩表现为肩部宽而骨盆窄，形成

较适合于承受重力的上宽下窄体型，而女孩则表现为骨盆部变宽，肩和下肢都较窄细的体型。

在青春期，我们的心脏和肺等脏器的功能趋向成熟。主要表现为心肌增厚、增粗，心脏重量迅速增加，心脏每次收缩的射血量增加。同时，肺部结构逐渐完善，呼吸频率减慢，肺活量增加。肺活量越大，表明肺功能越好。此外，骨组织中的水分和有机物增多而矿物质减少，骨弹性较大，所以易弯曲，但不易骨折；关节周围的韧带松弛，肌肉较薄，伸展性极大，容易发生脱臼。随着心肺功能的增强和骨骼关节的发育，机体的肌力、速度、耐力、爆发力等不断提升，运动能力会逐渐提高。

在垂体分泌的促性腺激素的作用下，男孩的睾丸体积增大，其内部结构逐渐发育完善，开始产生精子，同时会出现遗精现象。遗精是指男孩进入青春期之后，随着性器官的发育，有时在睡眠状态下从尿道排出乳白色液体的现象，这是男孩青春期开始后出现的一种特殊生理现象。第一次遗精大都发生在14 ~ 15 岁，但也有人在 11 岁之前或推迟到 18 岁之后发生。

女孩的卵巢重量增加，分泌雌性激素进而出现月经现象。月经是指青春期女孩由于卵巢分泌的雌激素作用而使子宫内膜发生的周期性变化，每月子宫内膜脱落 1 次，脱落的黏膜和血液经阴道排出体外，称为月经。女孩第 1 次来月经称为月经初潮。初潮年龄一般在 10~16 岁。初潮发生的早晚与遗传、环境、营养和经济状况等因素有关。正常月经一般 28 天为 1 个周期，20~40 天均属于正常。经期一般为 3~5 天，2~7 天内均属于正常。

进入青春期以后，除了性器官发育成熟，男孩女孩都会出现第二性征，男孩主要表现为长出胡须、阴毛和腋毛，继而出现喉结，嗓音也变得低粗，同时，体格开始变得高大，肌肉变得发达；女孩主要表现乳房开始发育，乳头突出，乳晕增大，阴毛和腋毛开始生出，皮下脂肪变得丰满，骨盆变得宽大，嗓音变得高细等。

2. 青春期保健与安全

青春期是一生中最重要、最宝贵的时期。由于身体迅速生长发育及第二性征的出现，很多人会变得多愁善感，自尊心开始增强，由于性征的出现而产生出好奇、羞涩甚至害怕的情绪。这些都是正常现象。我们应该了解青春期的这些生理及心理变化，快乐地度过这一段美好时光。

1）男孩篇

做好清洁卫生。每晚用干净的温水清洗阴茎和阴囊，同时做到每天换洗内裤。此外，阴茎和阴囊对机械刺激很敏感，应注意避免碰撞、摆弄捏玩。打闹、摔跤或因踢球时冲撞造成外生殖器受伤时，应立即赶往医院，请医生治疗。

保护嗓子。男生青春期会出现声带加宽，长度增强，声音变粗、变低，音域局促，音质不稳定，这称为“变声期”，大概会持续 1 年时间。保护嗓子要做到：不要长时间大声朗诵、唱歌、喊叫；少吃或不吃辛辣刺激性食物；不吸烟，不喝酒，保持充足的睡眠时间。

正视遗精。不要惶恐不安，因为遗精是一种正常的生理现象，只有发生频繁遗精时才会对健康不利。为了防止或消除非疾病引起的频繁遗精，首先应该积极参加学校组织的各种活动，把精力集中在学习上，杜绝看黄色书刊和录像。其次，内裤不能穿得太紧，被子不可太厚，睡觉最好侧躺，睡前用热水洗脚等。

2）女孩篇

女孩在青春期最先发育的是乳房。乳房发育过程中出现的一些情况可能导致困惑和不安，甚至不适。那应该怎样做才能使乳房健康发育呢？首先，要注意乳房卫生，要经常清洗乳头、乳晕、乳房。其次，走路时抬头挺胸，收腹紧臀；坐姿端正挺拔；夜间休息时注意不要俯卧，以免压迫乳房。平时要注意保护乳房，特别要当心避免冲撞或挤压造成的外伤。需要注意的是，女孩不应该束胸，束胸不仅使胸部血液循环不畅，而且会对乳房健康造成极大的影响。乳房发育基本定型后，要及时选戴合适的胸罩。

女孩在月经期间，一般都会出现一些不舒服的感觉，如心情烦躁、腹痛腹胀、腰酸腰痛、乳房发胀、身体疲乏、食欲不振等，这都是正常生理现象。月经期卫生很重要，应注意以下5个方面：第一，要使用清洁的卫生纸（巾）。第二，要有足够的睡眠和休息。第三，避免着凉，不要吃生冷、辛辣的刺激食物。第四，要做到心情舒畅，情绪稳定。情绪波动或精神过度紧张，会影响大脑皮层的调节功能，容易引起月经失调。第五，进行适当的运动，但要避免剧烈运动。遇严重痛经或出血过多等情况时，应告诉家长并及时就医。

不论是男孩还是女孩，在青春期都要注意均衡营养。青春期身体生长发育迅速，新陈代谢旺盛，加之青春期的活动量大，因此机体对各种营养物质的需要量也相应增加。要注意多吃富含蛋白质、维生素和微量元素的食物，保证各类营养物质按一定的比例及时供给，同时做到不偏食、不挑食。

第 27 节

爱护健康　拒绝烟酒

中学生吸烟、饮酒的现象在我国普遍存在，并且愈演愈烈，且有低龄化的趋势。青少年沾染吸烟饮酒陋习，初期主要是因为他们认为自己已经长大了，可以像家庭和社会中年长者那样，从而用抽烟饮酒来证明自己是成人了，如此贪图一时刺激或追求瞬间体验，来获得欣快感、充实感，久而久之就养成了恶习，殊不知，这些恶习害人害己。

因吸烟而导致的违纪现象在中学生违纪事件中占相当大的比例，而且吸烟常与饮酒现象相伴随。针对中学生吸烟饮酒现象，虽然学校也制定了相关的纪律，也都有严厉的惩罚措施，但学生在厕所、宿舍、教室等公共场所吸烟的现象仍然存在，因饮酒引起的打架斗殴也时有发生。在街道、网吧、酒吧等公众场合，总会见到三五成群的青少年，每人手指夹根香烟、端个酒杯，吞云吐雾。青少年吸烟饮酒的乱象不仅发生在学校，在家也经常发生，有些人趁父母不在家，偷偷吸烟、饮酒。青少年吸烟饮酒的现象不仅发生在农村，在城市中的比例也比较高。目前，我国青少年吸烟饮酒的整体现状不容乐观。

1. 烟酒害人害己

青少年受烟酒的危害很深，吸烟饮酒害人害己。吸烟影响青少年的正常发育，尤其对骨骼、神经系统、呼吸系统及生殖系统的影响最为严重。青少年身体各系统和器官的发育尚不完善，功能尚不健全，抵抗力弱，并且青少年呼吸道比成年人狭窄，呼吸道黏膜纤毛发育也不健全，吸烟会使呼吸道受损害并产生炎症，增加呼吸的阻力，使肺活量下降，影响青少年胸廓的发育，进而影响其整体体格的发育。吸烟产生的有害气体吸入肺部后，经过新陈代谢进入血液，由血液运送到身体的各个器官，对各个器官的毒害也会日趋加深。青少年吸烟不仅危害自身健康，同样存在安全隐患。

饮酒同样危害严重。饮酒后，酒精会在胃和肠道代谢吸收，极少数会经汗液排出体外，绝大部分酒精经肝脏代谢解毒，但是肝脏的解毒能力有限，青少年尚未发育成熟，肝脏的代谢能力还不强，饮酒会使青少年肝脏代谢负荷加重，来不及代谢的酒精会损害肝脏及其他器官。青少年心智尚未成熟，自制力差，容易受到环境的诱惑而过量饮酒，并且大量酗酒所引起的酒精中毒对脏器功能的损害更加严重，可能埋下肝硬化、胃癌、心血管病等疾病隐患。男生酗酒，会造成肌肉无力、性发育早熟，女生酗酒会导致月经紊乱、内分泌失调，并且酒精对精子和卵子都有损害作用，可能造成未来成年后不孕不育或影响后代的生长发育。

2. 坚决对烟酒说“不”

作为新时代的社会主义接班人，青少年应该对烟酒说“不”。烟酒会严重危害青少年的身体健康，影响青少年学习和健康发展。青少年应该从小树立正确的健康生活方式，拒绝吸烟饮酒。

世界卫生组织专家指出，烟草和酒精是“毒品的入门”，吸烟和饮酒成瘾以及滥用药物的人，更容易沾染毒品。开始吸烟饮酒的年龄越小，对身体的危害越大，因为青少年的内脏器官很娇嫩，还未成熟，更容易受到烟草中致癌物质侵害。青少年拒绝烟酒绝不是简简单单的一句口号，我们应该付诸行动，自觉远离烟酒，不盲从、不跟风，倡导文明健康的生活习惯，争做文明学生。主动参与禁烟禁酒活动，积极向身边人宣传吸烟饮酒有害健康的知识。

（1）**从自身做起**。从身边的小事做起，积极参加学校组织的戒烟限酒宣传活动，学习健康知识，向同学们宣讲烟酒对自身以及社会的危害，让同伴们了解并掌握烟酒对自身的危害，拒绝抽烟饮酒。

（2）**从家庭做起**。家里有人抽烟，应该积极劝导，促使其戒烟。家庭成员之间互相监督，养成不抽烟、不饮酒的好习惯。

（3）**从社区生活环境做起**。利用节假日积极参加社区健康宣传，向社区家庭宣讲吸烟饮酒的危害，营造健康良好的文化氛围。青少年只有拒绝烟酒，才能保持健康的生活方式；只有拒绝烟酒，才能摒弃烟酒文化带来的不良恶习；只有拒绝烟酒，才能成为充满蓬勃朝气的新时代接班人，向着新的光明和梦想出发。

作为当代青少年，我们不只是家庭的一分子，更是社会和国家的一分子；我们肩负着时代的重任，承载着祖国的希望，拥有辉煌灿烂的美好明天，然而吸烟饮酒会危害我们的健康，使我们成为“瘾君子”，给我们美好的明天蒙上一层乌云。既然拒绝烟酒是我们可以选择的健康生活方式，健康身体又是我们实现宏大理想的基石，那拒绝烟酒就应该从自身做起、从现在做起，加入“拒绝烟酒，文明修身”的行列，共同努力筑造一道拒绝烟酒危害的安全屏障，让烟酒失去繁殖的土壤，做一名积极向上的拥有健康生活方式和健康身体的新一代青少年。